**LINUCCIO PEDERZANI - ALIDA CAPPELLETTI
MARCO MEZZADRI**

Girotondo 2

L'italiano nel mondo

GUIDA INSEGNANTE

Musiche originali delle canzoni:
Juan Carlos "Flaco" Biondini
Direzione del coro "Verdi Melodie"
(IV circolo didattico di Parma)
e delle voci: Beniamina Carretta

Si ringraziano N.L. Manghi, dirigente
del IV° circolo didattico di Parma e
Alessandro Casappa

Art Direction e Progetto Grafico:
Salt & Pepper - Perugia
Illustrazioni: Fulvio Petri
(per Chesi Illustrations & Studio
Caba)

ISBN 88-7715-866-2
Copyright 2005 Guerra Edizioni
www.guerra-edizioni.com

Stampa: Guerra - Guru S.r.l.

Tutti i diritti riservati.
E' assolutamente vietata la
riproduzione, anche parziale,
dell'opera con qualsiasi mezzo
effettuata, non autorizzata, compresa
la fotocopia. E' altresì vietato
utilizzarne l'impostazione e i concetti
che possono ricordare questa sotto
l'aspetto didattico e illustrativo.

AVVERTENZE GENERALI

Nell'utilizzo di **Girotondo** è possibile seguire uno dei tre percorsi presentati qui di seguito:

	A1 (Primo approccio)	A1	A1/A2	A2
Scenario 1	Girotondo 5-6 anni	Girotondo 1	Girotondo 2	Girotondo 3
Scenario 2	Girotondo Primo Approccio	Girotondo 1	Girotondo 2	Girotondo 3
Scenario 3		Girotondo 1	Girotondo 2	Girotondo 3

Questo significa che un bambino può avvicinarsi allo studio dell'italiano partendo da un'esperienza precoce, prima di imparare a leggere e scrivere (scenario 1). In questo caso l'insegnante potrà utilizzare **Girotondo 5-6 anni**. Lo sviluppo del corso prevede l'introduzione della scrittura e la ripresa parziale a spirale dei contenuti del livello introduttivo avvalendosi di **Girotondo 1**.
Altro caso (scenario 2) può essere quello di un bambino che dopo una prima esperienza di incontro con l'italiano attraverso **Girotondo Primo Approccio** sia portato ad approfondire i contenuti proseguendo lo studio della lingua in anni successivi. Anche in questo caso **Girotondo 1** propone nei percorsi iniziali una ripresa e un ampliamento dei contenuti con conseguente rinforzo delle competenze del bambino.
Lo scenario 3 è costituito dal caso del bambino che si avvicina per la prima volta allo studio dell'italiano, prevedendo già in partenza un percorso formativo pluriennale. **Girotondo 1** permette all'alunno principiante assoluto di avvicinarsi all'italiano, anche se con ritmi iniziali di svolgimento delle attività più lenti e di continuarne lo studio, come per gli altri due scenari, attraverso **Girotondo 2** e **Girotondo 3**.
Al termine del percorso formativo il bambino avrà raggiunto un livello di competenze in linea con l'A2 del *quadro comune europeo*. Lo sviluppo delle competenze linguistico-comunicative di **Girotondo** accompagna la crescita psico-cognitiva del bambino lasciando presupporre il completamento del corso (**Girotondo 3**) verso gli 11 anni d'età.

In ogni percorso vengono date indicazioni per attività che si possono svolgere nel caso di una classe monolingue e in cui l'insegnante parla la stessa lingua dei bambini. Tali attività sono precedute dall'indicazione **CLASSE MONOLINGUE**.

In un altro riquadro viene riassunta la vicenda che funge da filo conduttore del libro, preceduta dall'indicazione **STORIA**.

PLURIDISCIPLINARITÀ: le storie che i bambini cercano di immaginare durante la fase di elicitazione (vedi riquadro **CLASSE MONOLINGUE**) possono inoltre diventare materiale alternativo su cui lavorare in collaborazione con l'insegnante\gli insegnanti delle altre discipline.

Prima dell'inizio di ogni attività, dove necessario, viene indicato il **MATERIALE** che l'insegnante dovrà avere a disposizione. Il registratore portatile non viene mai indicato perché è sempre necessario in ogni percorso.

Nel primo percorso sarebbe opportuno osservare assieme ai bambini le diverse icone e le relative consegne, in modo da aiutarli a comprenderle, cosa che in seguito diventerà naturale.

IL CAMPIONATO DEI RICORDI: al fine di stimolare i bambini a ricordare attivamente quanto appreso, al termine di ogni percorso didattico sono presenti attività ad un tempo di verifica e di ripresa del lessico e delle strutture presentate nel percorso precedente. Per ogni attività inserita nella sezione del *Campionato dei Ricordi* si devono formare squadre di 4 bambini ciascuna, le quali hanno il compito di rispondere ai quesiti posti di volta in volta dal testo e dall'insegnante. A ogni risposta esatta ogni bambino riceve punti, da segnare nella propria classifica. Importante è che le squadre cambino a ogni attività, in modo da non fossilizzare la competitività tra i gruppi. Per quanto riguarda la formazione delle squadre si consiglia di attribuire a ogni bambino un numero e quindi di estrarre a sorte. Vi sono poi attività alle quali i bambini partecipano individualmente, ricevendo ognuno i punti per la propria classifica. Si consiglia inoltre di incollare i risultati delle partite su un cartellone da appendere al muro, affinché i bambini possano sempre avere davanti agli occhi quanto da loro prodotto (in tal modo si fissano meglio le strutture riproposte dal *Campionato dei Ricordi*).
I punteggi ottenuti dai bambini devono essere indicati un cartellone recante la scritta colorata *La classifica del Campionato dei Ricordi*: una tabella con i nomi dei singoli bambini e quadratini al fianco di ogni nome, che devono essere anneriti in base al punteggio ottenuto.

IL DIZIONARIO ILLUSTRATO: nella maggior parte dei casi le attività che invitano a tagliare e incollare le figurine sul dizionario illustrato hanno la funzione di ripetizione o di scrittura dei vocaboli. In altri casi le attività sono messe all'inizio del percorso didattico e servono come ripresa del lessico dei percorsi precedenti, oppure sono collocate al termine dello stesso percorso a cui si riferiscono. Vi possono essere però casi in cui la Sua programmazione prevede un ripresa del lessico diversa da quella impostata in questo libro oppure momenti in cui il clima della classe necessita di un'attività "tranquilla" finalizzata a rassenerare i bambini. La nostra è una scelta consigliata, che comunque può e deve essere filtrata dalla Sua impostazione metodologica, dal Suo stile didattico e, non da ultimo, dalla Sua sensibilità di insegnante.

Come avrà notato anche nelle righe precedenti, abbiamo deciso di rivolgerci all'insegnante con la forma di cortesia "Lei" (in maiuscolo), a cui fa eco il pronome possessivo "Suo\a" (anche questo maiuscolo). Si tratta di una forma che ormai sta scomparendo dalla lingua italiana, ma che ci è sembrato opportuno conservare al fine di evitare confusione tra la terza persona singolare del maschile e del femminile (con riferimento a un bambino o a una bambina) e appunto la forma di cortesia.

ABILITÀ TRASVERSALI: (vedi appendice) l'apprendimento di una lingua straniera non è fine a se stesso ma è parte integrante dello sviluppo globale del bambino. Le attività di **Girotondo** sollecitano i diversi canali di apprendimento e i rispettivi linguaggi, verbali e non verbali, interagendo costantemente con le altre discipline in un rapporto di mutuo scambio.
In tal modo anche l'apprendimento della lingua straniera, sviluppando i diversi linguaggi, contribuisce alla formazione di una visione globale della realtà, di cui appunto i linguaggi e i modi espressivi delle diverse discipline sono parte integrante.
È per questo motivo che le attività proposte mirano anche all'acquisizione di strategie metacognitive (imparare a imparare) che portano il bambino alla scoperta e alla ricerca del sapere, in modo sempre più autonomo e creativo, nonché alla cooperazione attraverso attività di gruppo e di coppia, sollecitando la capacità di pensiero critico e riflessivo.

PERCORSO 1

FUNZIONI		MORFOSINTASSI	LESSICO
Ringraziare e salutare.	Grazie e arrivederci.		**Colori**
			azzurro*
Chiedere e indicare luoghi e percorsi.	Dov'è il bosco? Va' diritto, poi a destra…	Proposizione interrogativa con *dove*?	grigio*
			La casa
		Proposizione dichiarativa (uso dell'imperativo). Avverbi di luogo *a destra, diritto, a sinistra*.	bicchiere*
			bottiglia*
			cesta*
			coltello*
			cucchiaino*
Fare proposte.	Perché non mangi una pianta?	Proposizione interrogativa con *perché non*?	cucchiaio*
			forchetta*
			tazza*
Chiedere e dare informazioni sulle caratteristiche fisiche delle persone.	Com'è? È un uomo vecchio, con i capelli neri e gli occhi blu.	Proposizione interrogativa con *come*? Articolo determinativo e indeterminativo. **Accordo tra nome e aggettivi in *-o* e *-a*.**	tazzina*
			tovaglia*
			tovagliolo*
			Oggetti e nomi vari
			amore
			bacchetta
			brodo
Chiedere e dire a che cosa serve un oggetto di uso frequente.	A cosa serve il registratore? Serve a registrare la voce dei bambini.	Proposizione interrogativa con *(che) cosa*? Proposizione dichiarativa. Preposizione *a*.	festa
			fiore
			foto
			freno
			guerra
Chiedere la differenza.	Qual è la differenza?	Proposizione interrogativa con *quale*?	ponte
			prato
			secchio
Chiedere di e descrivere azioni al passato.	Cos'hai visto? Ho visto…	Proposizione interrogativa con *cosa*? Proposizione dichiarativa con l'uso del passato prossimo.	sorpresa
			sosta
			stella
			viaggio
			Luoghi e ambiente
			Giove

FUNZIONI		MORFOSINTASSI	LESSICO
	A che ora ti sei alzato? Alle 8.	Proposizione interrogativa con *che?* Proposizione dichiarativa. Preposizione articolata *alle*.	Luna Marte Mercurio Nettuno Plutone Saturno
Chiedere ed esprimere un parere.	Secondo te, che cos'ha fatto Bianca? Secondo me ha giocato con i colori.	Proposizione interrogativa con *che cosa?* Proposizione dichiarativa.	Sole Terra Urano Venere
			Aggettivi qualificativi
			biondo castano contento corto felice giovane grigio liscio lungo mosso piccolo pulito riccio sporco strano triste
			I verbi
			accompagnare cambiare chiedere donare girare incontrare mandare passare ricordarsi servire

FUNZIONI	MORFOSINTASSI	LESSICO
		superare
		vedere
		viaggiare
		Avverbi (e locuzioni avverbiali) di luogo
		qui
		laggiù in fondo
		diritto
		a destra
		a sinistra
		avanti
		lì
		Avverbi (e locuzioni avverbiali) di tempo
		poi
		Preposizioni
		dopo

Nota per il lessico:
i termini seguiti da asterisco (es. *azzurro**) hanno le corrispondenti figurine illustrate.

**Nota: gli elementi evidenziati in neretto nella colonna della morfosintassi vengono presi in esame nella sezione denominata *La mia grammatica*.

1 Ascoltiamo

STORIA: Bianca e Pietro salutano Togo e Cecilia e salgono sull'astronave per tornare a casa.

Testo che non compare sul libro dello studente:

Pietro:	Ciao a tutti.
Bianca:	Arrivederci.
Togo:	Buon viaggio e a presto.
Cecilia:	Ciao.
Mamma di Togo:	Arrivederci.

NOTA IMPORTANTE: soprattutto in questo primo percorso di **Girotondo 2**, ma anche nei successivi, si sono creati i presupposti per permettere la revisione e il ripasso del lessico, delle funzioni e delle strutture morfosintattiche presentate in **Girotondo 1**. Si è però cercato di non introdurre sempre tali attività nel libro dello studente, ma di lasciarle talvolta solo come indicazione da seguire sulla guida per l'insegnante.

1.1 Faccia osservare la scena della partenza di Pietro e Bianca da Blunasia e chieda innanzitutto ai bambini se ricordano che cosa sta succedendo. Chieda ad esempio chi sono i personaggi o dove sono, faccia descrivere il disegno del libro dello studente, faccia prevedere cosa succederà poi, e altre domande del genere. In questo modo Lei ha la possibilità di rivedere funzioni come "chiedere e dire l'identità di altri" (*"Chi è?"*, *"Come si chiama?"*, ecc.), oppure "chiedere e dire dov'è una persona o una cosa e rispondere" (*"Dove sono i bambini?"*, *"Dov'è l'astronave?"*, ecc.), o anche "chiedere ed esprimere il desiderio e il motivo di un'azione" (*"Dove vogliono andare i bambini"*, *"Perché?"*, ecc.), oppure ancora "salutare per congedarsi" (*"Arrivederci, a presto, buon viaggio"*, ecc.).

NOTA: per questa attività, come per le successive, lasciamo alla Sua discrezione (in base al tempo a disposizione e soprattutto al tipo di risposta dei bambini) la scelta di soffermarsi o meno su questo tipo di revisione.

1.2 Faccia poi lavorare i bambini a coppie e faccia scrivere a matita sui puntini quello che i bambini prevedono che si dica.

1.3 Faccia leggere a qualche coppia quello che è stato scritto poi passi, come verifica, all'ascolto del dialogo e alla relativa correzione delle parole.

2 il campionato delle parole: Cantiamo una canzone

NOTA IMPORTANTE: il *Campionato delle Parole* è un nuovo tipo di attività, da svolgere utilizzando le figurine illustrate di **Girotondo 1**, che non è mai stato introdotto in precedenza.

Si tratta, in linea di principio, di uno strumento che Le si vuole proporre al fine di recuperare in modo giocoso il lessico incontrato.

A differenza però del *Campionato dei Ricordi*, le cui attività sono sempre indicate sul libro dello studente, per il *Campionato delle Parole* ci si è limitati a presentare una prima attività all'inizio del libro attraverso una canzone, in modo da creare una motivazione ulteriore al gioco stesso.

Successivamente sarà Lei a decidere, in base alla Sua metodologia e alle esigenze della classe, il momento in cui inserire le attività di revisione del lessico.

Ciò non significa che il *Campionato delle Parole* rappresenta l'unico strumento attraverso il quale si riprende e si amplia il lessico. In tutto il testo, infatti, seguendo quel procedimento a spirale che è una delle caratteristiche che formano la base metodologica di **Girotondo**, la presentazione di nuovo lessico offre sempre lo spunto per la ripresa di parole già incontrate nei libri e nei percorsi precedenti.

Questa proposta si riferisce al primo percorso di **Girotondo 2** nel quale, oltre all'introduzione di nuovi argomenti, si è cercato di consentire attività di revisione (vedi nota all'attività 1).

In appendice a questa guida per l'insegnante si sono indicati alcuni giochi possibili con le figurine illustrate, mentre durante tutto il primo percorso ci si è limitati a suggerire il momento in cui è possibile prendere spunto dai temi proposti per introdurre tali giochi.

Un altro suggerimento può essere quello di tenere una classifica del *Campionato delle Parole*: si lascia alla Sua discrezione la scelta e le modalità del punteggio da attribuire. Il consiglio è però quello di terminare il gioco di ripresa del lessico al termine del primo percorso e quindi di seguire le attività, legate al lessico, proposte nei percorsi successivi.

Dialogo introduttivo:

Pietro:	Che cosa c'è sull'astronave?
Bianca:	Vediamo.

Testo della canzone:

Bianca:	Una cesta con le foto della mamma e del papà.
	Ecco qui, c'è mia sorella. Mio fratello è più in là.
	Con il nonno e con la nonna c'è la foto della zia.
	Qui c'è tutta la famiglia. Questa foto è la mia.

Pietro:	La famiglia tutta insieme è seduta in cucina.
	Solo Poldo è in giardino: dorme sopra una panchina.
	Ma che bello! C'è anche Togo: lava il bagno con un secchio.
	Lì vicino c'è Cecilia che si pettina allo specchio.
Coro:	Guarda qui c'è un'altra cesta.
	Guarda dentro cosa c'è.
	Questo viaggio è una festa.
	Che sorpresa per noi tre.
Bianca:	Ma che brava Mariposa, guarda qui cos'ha mandato:
	una cesta con il cibo, miele, succo e cioccolato.
	Latte, burro e marmellata, per la nostra colazione.
	Se poi manca qualche cosa ci fermiamo alla stazione.
Pietro:	Cosa dici? Alla stazione? L'astronave non è un treno
	e non è una bicicletta che si ferma con un freno.
	Ora noi dobbiamo andare e viaggiare senza sosta.
	Cerca dentro l'astronave forse c'è una nuova cesta.
Coro:	Guarda qui c'è un'altra cesta.
	Guarda dentro cosa c'è.
	Questo viaggio è una festa.
	Che sorpresa per noi tre.

2.1 Prima dell'ascolto della canzone divida la classe in quattro. Quindi faccia osservare le immagini e faccia dire ai bambini che cosa secondo loro c'è nelle ceste.

2.2 Faccia ascoltare il dialogo introduttivo, seguendo il testo sul libro e passi immediatamente all'ascolto della canzone. Dopo il primo ascolto chieda nuovamente che cosa c'è dentro alle ceste.

2.3 Quindi distribuisca a ciascun gruppo le figurine illustrate (allegate a **Girotondo 1**) corrispondenti al lessico citato nella canzone (un gruppo avrà la famiglia, un gruppo la casa, ecc.) e proceda a un ulteriore ascolto invitando i gruppi a sollevare la figurina che viene in quel momento citata nella canzone (può eseguire più ascolti scambiando le figurine tra i gruppi e invitando i bambini a scambiarsi il ruolo di chi solleva la figurina).

2.4 Al termine può distribuire una fotocopia della canzone e invitare i bambini a cantare.

2.5 Come prima partita del *Campionato delle Parole* divida la classe in squadre di quattro bambini e faccia completare le ceste con le parole, sia quelle citate nella canzone sia quelle non citate ma appartenenti allo stesso campo semantico.

Punteggio possibile: assegni mezzo punto a ogni parola inserita nella cesta corretta.

3 Attenzione! Che cosa è successo?

STORIA: appena saliti sull'astronave i bambini si accorgono che non c'è Lillo. Che cosa è successo? Dove hanno dimenticato il mangiadrillo? I bambini hanno dimenticato il mangiadrillo nel bosco vicino alla capanna.

Testo che non compare sul libro dello studente:

Bianca:	Pietro!
Pietro:	Che cosa è successo?
Bianca:	E il mangiadrillo?
Pietro:	Noooo!

3.1 Faccia osservare le immagini del testo e inviti i bambini a prevedere quanto viene detto dai personaggi.

3.2 Successivamente passi all'ascolto del testo, quindi faccia di nuovo prevedere ai bambini dove sarà il mangiadrillo, perché non è con i bambini e altre domande del genere (anche questa è un'occasione per rivedere la lingua già incontrata in **Girotondo 1**).

4 Ascoltiamo

STORIA: di nuovo con Togo e Cecilia, i bambini ritornano nel bosco a cercare il mangiadrillo, ma non ricordano la strada e chiedono indicazioni a un personaggio di Blunasia che dà loro un'informazione precisa per tornare.

Testo del dialogo:

Bianca:	Scusa, dov'è il bosco magico?
Uomo di Blunasia:	Ma voi chi siete e da dove venite?
Pietro:	Siamo gli amici di Togo. Veniamo dall'Italia. Io mi chiamo Pietro.
Bianca:	Io mi chiamo Bianca.
Pietro:	E tu chi sei? Come ti chiami?
Uomo di Blunasia:	Sono il guardiano del bosco. Mi chiamo Pino e abito qui nel bosco, vicino al Grande Albero.
Bianca:	Dov'è il bosco?
Uomo di Blunasia:	Sempre dritto e poi a destra.
Pietro:	Grazie e arrivederci.

4.1 Faccia ascoltare il dialogo una prima volta cercando di evidenziare con i gesti il significato di sempre dritto e a destra.

4.2 Faccia leggere le frasi relative all'attività di vero\falso qui elencate e quindi inviti i bambini a riascoltare una seconda volta.

4.3 Successivamente chieda ai bambini di svolgere l'attività di vero\falso che segue:

1. I bambini vanno a cercare il mangiadrillo nel bosco.	SÌ
2. Non si ricordano la strada.	SÌ
3. Incontrano un animale.	NO
4. L'uomo si chiama Olmo.	NO
5. Abita in città.	NO
6. Il bosco è sempre dritto e poi a destra.	SÌ

4.4 Faccia leggere le risposte e quindi inviti i bambini a drammatizzare il dialogo cambiando anche i loro nomi e quelli del personaggio. Dato che in questo dialogo i bambini riprendono lessico, funzioni e strutture già viste, sarebbe opportuno lasciarli liberamente produrre giocando.

Se durante l'attività, che comunque offre a Lei un validissimo spunto di feedback, nota che i bambini procedono con difficoltà, dia loro degli spunti eventualmente scrivendo alla lavagna dei suggerimenti.

5 Scriviamo
Che cosa fa il mangiadrillo?

STORIA: mentre i bambini camminano nel bosco, il mangiadrillo...

5.1 Faccia osservare le immagini del libro dello studente e faccia dire oralmente che cosa fa il mangiadrillo mentre i bambini lo stanno cercando.

Possibili chiavi di riposta:
1. Lillo dorme sotto l'albero.
2. Lillo mangia le foglie.
3. Lillo corre nel bosco.
4. Lillo nuota dentro il fiume.
5. Lillo si mette il maglione.

6. Lillo scrive un biglietto.
7. Lillo piange sopra il tetto.
8. Lillo si lava i denti.
9. Lillo salta la corda.

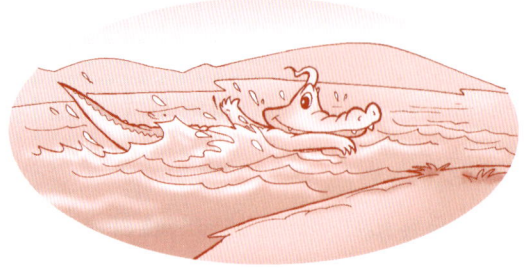

5.2 Inviti poi i bambini a scrivere sotto le immagini cosa sta effettivamente facendo Lillo e infine faccia leggere quanto scritto.

NOTA: questa attività le offre lo spunto di rivedere il lessico relativo ai verbi e le strutture del presente dei verbi stessi. Ad esempio potrebbe invitare i bambini a giocare come segue:
crei gruppi di tre\quattro bambini e dica loro di rappresentare un'azione che gli altri gruppi, a turno (cioè ogni gruppo rappresenta una sola azione, poi passa la mano all'altro gruppo) devono indovinare. Al fine di introdurre il gioco può chiedere ai bambini *"Che cosa fa Rabina?"*, mentre una bambina sta mimando, e così offrire lo spunto per la revisione della funzione "chiedere e dare informazioni riguardanti azioni". Le azioni di Lillo permettono una possibile revisione delle preposizioni di luogo già incontrate.
Assegni un punto a ogni risposta esatta.
Prosegua il gioco a Sua discrezione.

6 Ascoltiamo e scriviamo

STORIA: i bambini arrivano alla capanna e trovano il mangiadrillo che parla con il Grande Albero.

In neretto le parti mancanti sul libro dello studente:

Grande Albero:	Amico Lillo, come **stai**? Che cos'**hai**?
Lillo:	Sono **triste**. I miei amici sono andati via. E poi ho **fame**.
Grande Albero:	Perché non cerchi una pianta?
Lillo:	Sì, hai ragione.

(Si sente la voce dei bambini che chiamano il mangiadrillo)

Bambini:	Lillo, Lillo, dove **sei**?
Lillo:	Sono qui, venite!
Bianca:	Ciao Lillo, come stai?
Lillo:	Adesso sono **contento** perché siete arrivati.

6.1 Faccia osservare le immagini del dialogo e chieda ai bambini di dire oralmente quali parole mancano nel testo (ad esempio con la frase *"Qui che cosa manca?"*).

6.2 Faccia poi ascoltare il dialogo e inviti i bambini a scrivere le parole negli spazi vuoti.

6.3 Se necessario faccia ascoltare il dialogo un'altra volta, quindi faccia leggere quanto scritto.

NOTA: anche questo dialogo, oltre a introdurre una nuova funzione ("fare proposte utilizzando *perché non…?*") offre lo spunto per rivedere lessico e funzioni già incontrate ("chiedere e dare informazioni riguardo alla condizione fisica e allo stato d'animo personale"). A tale proposito può far giocare i bambini invitandoli a mimare una condizione fisica o uno stato d'animo e chiedendo agli altri di indovinare. Una volta data la risposta, chi ha indovinato dovrebbe a sua volta fare una proposta usando appunto la forma *"Perché non… ?"*.

7 Ascoltiamo ancora

STORIA: i bambini vogliono tornare a casa di Togo ma non si ricordano più la strada, per cui chiedono informazioni al Grande Albero.

Testo che non compare sul libro dello studente.

Bianca:	Ho fame, voglio tornare a casa di Togo.
Cecilia:	Togo, dove dobbiamo andare?
Togo:	Non lo so, non mi ricordo più.
Pietro:	E adesso?
Togo:	Chiediamo al Grande Albero.

7.1 Faccia osservare il dialogo e inviti i bambini a formulare ipotesi su quanto andranno ad ascoltare. Li faccia disporre a coppie e insieme decidere cosa scrivere a matita nei puntini.

7.2 A questo punto chieda ai bambini di leggere le ipotesi scritte e di confrontarle con quelle dei compagni.

7.3 Successivamente proceda all'ascolto del dialogo e quindi faccia trovare le differenze tra quanto i bambini hanno scritto e quanto hanno ascoltato.

NOTA: vista la presenza dei verbi modali *"volere"* e *"dovere"*, se lo ritiene opportuno, può cogliere l'occasione per creare o rivedere un eventuale regolamento che aiuti a mantenere una convivenza collaborativa all'interno della classe. Ad esempio: *"Se tu vuoi chiedere qualcosa durante una lezione, che cosa devi fare? Devo alzare la mano"*, ecc. In questo caso si rivede anche la funzione del "chiedere ed esprimere il desiderio di compiere un'azione".

8 Dov'è la casa di Togo?

Testo:

Togo:	Grande Albero, Grande Albero, dov'è la mia casa?

Testo che non compare sul libro dello studente:

Grande Albero:	Va' diritto, poi gira a sinistra e dopo la casa rossa gira a destra. Va' avanti e poi gira a sinistra. A destra ci sono dei fiori bianchi; dopo il prato dei fiori gira a destra; va sempre dritto fino al ponte; dopo il ponte gira a destra. Attenzione c'è una strada lunga. A sinistra ci sono una fila di alberi gialli, una strada, una fila di alberi verdi, una strada, una fila di alberi rossi, una strada, una fila di alberi rosa e una strada. Gira alla seconda a sinistra, dopo gli alberi verdi. Va' diritto e sei arrivato a casa.

8.1 Inviti i bambini a osservare la mappa del bosco e le cose presenti sulla mappa facendole nominare ed eventualmente scrivendole alla lavagna.
Chieda dunque, *"Dov'è la casa di Togo? Ascoltiamo"*, e faccia ascoltare le parole con le indicazioni del Grande Albero.

8.2 Proceda eventualmente a un ulteriore ascolto nel caso in cui tutti o alcuni bambini non avessero trovato la casa di Togo.

8.3 Al termine si faccia ripetere oralmente le indicazioni per raggiungere la casa di Togo e infine faccia scrivere il nome *"Togo"* sopra l'immagine della sua casa.

NOTA: l'immagine offre lo spunto per la revisione di altre funzioni e strutture. Ad esempio, "chiedere e dare informazioni riguardo a oggetti e cose" (*"Che cos'è?"*, *"Di che colore è?"*, ecc.), oppure "indicare la presenza di uno o più oggetti usando la forma *c'è* e *ci sono*" (*"Quanti alberi ci sono?"*, *"Che cosa c'è nel prato?"*, ecc.). Per quanto riguarda il lessico sono presenti qui, tra le altre cose, i colori.

9 Leggiamo e disegniamo

Testo:

Bianca:	Scusa, Grande albero, dov'è la casa numero 3?
Grande Albero:	Va' avanti, poi gira a sinistra. Va' diritto poi gira a destra dopo la casa rossa. Va' diritto, poi gira a destra. A sinistra trovi i fiori rossi. Va' diritto, non girare alla prima a sinistra ma va' ancora diritto. Dopo i fiori blu gira a sinistra e va' sempre diritto fino al ponte. Dopo il ponte gira a sinistra e poi a destra dopo gli alberi rosa. Va' diritto e arrivi alla casa numero 3.

9.1 Faccia leggere il testo sul libro dello studente, quindi faccia disegnare il percorso a matita sulla mappa dell'attività precedente. Mentre i bambini stanno disegnando il percorso Le consigliamo di girare tra i banchi e verificare come procede il lavoro.

9.2 Al termine faccia scrivere il numero 3 sulla casa corrispondente.

10 Giochiamo

A questo punto può fare esercitare i bambini sfruttando ancora la mappa sul libro dello studente:

10.1 Ritorni al disegno delle attività precedenti e inviti i bambini a giocare a coppie.
In primo luogo i bambini (senza che il compagno di gioco veda) attribuiscono un numero a ciascuna casa: un bambino sceglie quattro numeri da 10 a 20, mentre l'altro sceglie quattro numeri da 20 a 30. Il primo bambino chiede *"C'è la casa numero 12?"* e il secondo può rispondere *"Sì, c'è"* oppure *"No, non c'è"*.

10.2 Una volta individuati i numeri delle case, si passa alla fase successiva del gioco in cui occorre seguire le indicazioni date dal compagno per raggiungere la casa stessa.

10.3 Se lo ritiene opportuno inizi Lei giocando con un bambino, in modo da dare l'esempio agli altri e quindi li lasci giocare soli. Prosegua il gioco a Sua discrezione e nel frattempo giri tra i bambini per ascoltare quanto dicono. Infine provi a verificare quanto emerso provando a rigiocare personalmente con alcuni bambini.

NOTA: nell'ambito del *Campionato delle Parole* si possono qui recuperare tutti i numeri.

11 Ascoltiamo

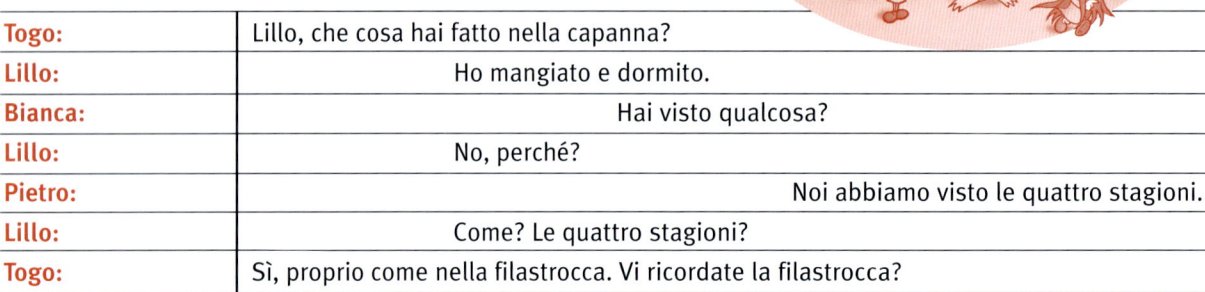

Testo che compare incompleto sul libro dello studente:

Togo:	Lillo, che cosa hai fatto nella capanna?
Lillo:	Ho mangiato e dormito.
Bianca:	Hai visto qualcosa?
Lillo:	No, perché?
Pietro:	Noi abbiamo visto le quattro stagioni.
Lillo:	Come? Le quattro stagioni?
Togo:	Sì, proprio come nella filastrocca. Vi ricordate la filastrocca?

11.1 Prima di ascoltare il dialogo, inviti i bambini ad andare a osservare le immagini dell'attività 5 e faccia loro dire che cosa ha fatto Lillo nella capanna (usando possibilmente il passato prossimo).

11.2 Faccia ora ascoltare il dialogo introduttivo alla filastrocca (già conosciuta in **Girotondo 1**) e chieda che cosa dice effettivamente Lillo.

11.3 Prima dell'ascolto della filastrocca riprenda l'invito di Togo a ricordare la stessa e lo rivolga ai bambini. Quindi inizi a porre delle domande relative ai disegni, ad esempio:
"Vi ricordate com'è l'uomo?", *"Di che colore è il suo cappello?"*, *"E la donna com'è?"*, e altre domande simili, così come una serie di domande tutte incentrate sulla ripresa delle stagioni, del clima e del tempo atmosferico (*"Che tempo fa?"*, ecc.). La filastrocca offre anche la possibilità di riprendere il lessico relativo all'abbigliamento e all'ambiente.
Ascolti le risposte e le annoti alla lavagna.

Testo della filastrocca:

Pietro:	Qui c'è il sole e il tempo è bello. Ma che strano. Cos'è quello? Ho visto un uomo grande e grosso con un gran cappello rosso.
Bianca:	Cos'hai detto? C'è la neve. Qui fa freddo e il giorno è breve. C'è una donna vecchia e stanca, con la sciarpa lunga e bianca.
Togo:	Cos'hai visto? Cos' hai detto? C'è la neve sopra il tetto? Qui c'è il sole e poi piove e una nuvola si muove.

Cecilia:	Non ho visto ancora niente.
	C'è la nebbia e non c'è gente.
	Solo foglie rosse e gialle.
	Volan via come farfalle.

11.4 Faccia ascoltare la filastrocca invitando i bambini a ripeterla durante l'ascolto. Se necessario, ripeta l'ascolto altre volte in modo che i bambini possano ricordare quanto già ascoltato in **Girotondo 1**.

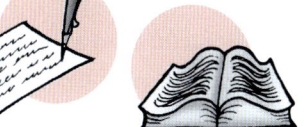

12 Scriviamo e leggiamo

12.1 Faccia osservare le immagini sul libro dello studente e l'esempio da cui emerge il tipo di attività da svolgere. Prima di far completare le didascalie, si faccia descrivere oralmente le immagini rappresentate.

12.2 Faccia poi completare le didascalie (un aiuto può essere rappresentato da un ulteriore ascolto della filastrocca precedente) e al termine faccia leggere quanto è stato scritto.

13 Ascoltiamo: chi è?

13.1 Faccia osservare ai bambini dapprima le immagini delle persone di cui ascolteranno la descrizione. Chieda poi aiutandosi con i gesti: *"Com'è l'uomo \ il bambino \ la donna in questa figura?"*, e così via per elicitare gli aggettivi che già conoscono.

Testo che non compare sul libro dello studente:

1. È un uomo alto con i capelli biondi.
2. È un bambino grasso con la maglietta sporca.
3. È una bambina magra con la maglietta pulita.
4. È una donna piccola con i capelli castani.
5. È una donna vecchia e felice.
6. È una donna giovane e felice.
7. È un uomo giovane e triste.
8. È un uomo vecchio e felice.

13.2 Proceda quindi al primo ascolto della descrizione: i bambini riusciranno a individuare la figura corrispondente grazie agli aggettivi che già conoscono, le altre saranno dedotte per esclusione (*"biondo, sporco, pulito, castani, felice, triste, giovane"*).

13.3 Durante il secondo ascolto faccia numerare le immagini nell'ordine in cui appunto vengono ascoltate.

13.4 Inviti i bambini a controllare con il\la compagno/a le figure individuate, quindi proceda a un ulteriore ascolto.

13.5 Dopo un altro ascolto provi a far descrivere ai bambini le figure aiutandoli con domande adeguate. Ad esempio: *"Com'è il bambino nella figura 2?"*, *"Com'è la sua maglietta?"*, e così via cercando di insistere sugli aggettivi che i bambini ancora non conoscono (vedi 13.2).

14 Colleghiamo

14.1 Faccia osservare le immagini che rappresentano la descrizione dei capelli dei personaggi del libro.

14.2 Inviti i bambini a collegare le immagini con le frasi corrispondenti e faccia scrivere il nome dei personaggi sotto le immagini. Quindi faccia leggere le frasi.

15 Leggiamo e coloriamo

15.1 I bambini leggono le indicazioni scritte a fianco di ciascun riquadro e colorano le immagini.

16 Ascoltiamo: che cosa non va bene?

16.1 Faccia osservare le immagini delle persone. Quindi dica ai bambini che ci sono differenze tra la descrizione che andranno ad ascoltare e l'immagine.

Testo (che non compare sul libro dello studente):

È un bambino alto e magro, con i capelli neri e gli occhi verdi.
(nell'immagine il bambino ha i capelli rossi)

È un uomo vecchio, con i capelli neri e gli occhi blu.
(nell'immagine è un uomo giovane)

È una donna magra con le mani lunghe.
(nell'immagine è una donna grassa)

È una bambina piccola con i capelli castani e il naso lungo.
(nell'immagine i capelli sono neri)

È un elefante stanco e vecchio con le orecchie piccole.
(nell'immagine l'elefante ha le orecchie grandi)

È un orso grosso e bianco con un cappello strano.
(nell'immagine l'orso è piccolo)

16.2 Faccia ascoltare una prima volta la descrizione e inviti i bambini a individuare e numerare le immagini.

16.3 Quindi chieda di riascoltare e di iniziare a segnare le differenze tra la descrizione data e l'immagine a cui si riferisce.

16.4 Ora chieda a un bambino di provare a dire cosa non va bene nelle diverse figure e eventualmente proceda a un terzo ascolto per confermare quanto rilevato.

16.5 Infine faccia completare le risposte sul libro alla domanda "*Che cosa non va bene?*" e li inviti a scrivere solo l'aggettivo e il sostantivo che rappresentano la differenza tra l'immagine e la descrizione audio.

16.6 Inviti poi i bambini a lavorare in coppia e a confrontare con il compagno quanto è stato scritto. Infine faccia riascoltare il dialogo per una verifica comune e scriva eventualmente alla lavagna le risposte corrette.

 # 17 Giochiamo

17.1 Come esempio, inviti un bambino a pensare a un amico della classe, mentre Lei deve indovinare chi è ponendo delle domande. Chieda ad esempio: *"Di che colore sono i suoi capelli/occhi?"*, *"È alto o basso, grasso o magro?"*, *"Di che colore è il suo maglione \ la sua maglietta?"* ecc., quindi scriva il nome del bambino in questione e lo porga all'alunno che confermerà o meno la sua ipotesi.

17.2 Ora inviti i bambini a disporsi a coppie e fare lo stesso gioco: uno dei due pensa a un bambino della classe e l'altro deve cercare di indovinare di chi si tratta.
Nel frattempo passi fra i banchi per monitorare la situazione e si annoti eventuali errori che ritiene opportuno segnalare. Dato che siamo ancora in una prima fase di produzione orale non interrompa troppo i bambini mentre stanno cercando di formulare le domande o le risposte, per evitare di far perdere loro la motivazione al gioco, che in questo caso dovrebbe essere data dal piacere di indovinare.

17.3 A questo punto chieda ai bambini di disegnare se stessi nel riquadro e di scegliere le espressioni linguistiche adeguate nei riquadri sotto i puntini. Come verifica faccia leggere alcune frasi.

17.4 Infine inviti i bambini ad andare alla pagina I degli allegati e a completare le figurine relative ai due colori. Come ripasso dei colori può chiedere ai bambini di descrivere diversi oggetti presenti in classe, indicando il colore corretto, in modo da favorire una produzione orale relativa alla concordanza tra nome e aggettivo.

 # 18 La mia grammatica

Inviti ora i bambini ad andare alla pagina **4** de *La mia Grammatica* e completare gli schemi relativi agli aggettivi in *-o* e *-a*.

19 Ascoltiamo una filastrocca

STORIA: i bambini vogliono tornare sulla terra con l'astronave ma non si ricordano la strada. Chiedono a Togo indicazioni e lui fa salire tutti sull'astronave e mostra loro la strada.

Dialogo introduttivo:

Bianca:	Adesso possiamo tornare a casa. Come facciamo?
Togo:	Volete sapere la strada per il ritorno. Imparate questa filastrocca:

Testo della filastrocca:

Laggiù in fondo c'è Urano,
anche se un po' fuori mano.
Sempre avanti, poi a destra,
lì c'è Giove alla finestra.
Una sosta su Nettuno
non si nega mai a nessuno.
Guarda Venere, che bella,
brilla come una stella.
Dritto ancora fino a Marte,
c'è una stella da una parte.
Sempre in questa direzione
arrivate su Plutone.
E a sinistra, ma che bello,
c'è Saturno con l'anello.
Sempre avanti, poi a sinistra,
c'è Mercurio in bella vista.
Un po' d'acqua a chi la vuole,
siete già vicino al sole.
Poi a destra e per fortuna
vi fermate sulla luna.
E poi dritto, senza sosta,
sulla Terra, a casa vostra.

Dialogo conclusivo:

Bianca:	Ma è un viaggio molto lungo!
Togo:	Lo so, ma così vedete tutti i pianeti.

19.1 Faccia dapprima ascoltare a libro chiuso il dialogo introduttivo alla filastrocca e chieda ai bambini cosa vogliono fare Pietro e Bianca.

19.2 Esegua un secondo dialogo a libro aperto per verificare le risposte dei bambini e per permettere a loro di leggere il testo.

19.3 Prima dell'ascolto della filastrocca faccia osservare le immagini dei pianeti che appaiono sul libro. Chieda ai bambini se conoscono già alcuni dei pianeti; ponga qualche domanda al fine di elicitare da loro, attraverso l'osservazione sulla cartina, i nomi dei pianeti. Ad esempio: *"Come si chiama il pianeta dove abitiamo?"*, oppure, guardando la mappa dei pianeti sul libro, chieda anche *"Qual è il pianeta più vicino al sole?"*, *"E quello con l'anello?"*, e altre domande simili.

19.4 Esegua il primo ascolto della filastrocca a libro chiuso, sollevando le figurine illustrate dei pianeti di volta in volta citati.

19.5 Proceda al secondo ascolto della filastrocca invitando i bambini a seguire sul libro le indicazioni date da Togo.

19.6 Legga il testo della filastrocca dal Suo libro e si fermi ogni volta che deve pronunciare il nome di un pianeta, invitando invece i bambini a ripetere il nome stesso.

19.7 Faccia ascoltare la filastrocca strofa per strofa e inizi a farla ripetere. Esegua questa attività alcune volte, cercando sempre di accentuare con la gestualità le indicazioni date da Togo.

19.8 Divida la classe in gruppi (se possibile corrispondenti al numero delle strofe) e lasci alcuni minuti a ciascun gruppo per ripetere bene la strofa e infine faccia ripetere coralmente la filastrocca.

Testo da leggere come esempio del gioco:

Bambino:	Ciao Saturno, devo andare sulla Terra.
Saturno:	Non lo so. Va' avanti, poi a destra e chiedi a Giove.

Si tratta di un gioco di drammatizzazione, che ha il fine di far produrre liberamente ai bambini dialoghi in cui riprendere la lingua fin qui appresa, con particolare attenzione alle indicazioni di luoghi e percorsi (come nell'esempio).

Cerchi di dividere i bambini all'interno della classe in modo da riprodurre la mappa dei pianeti che appare sul libro dello studente.

Un gruppo di bambini deve rappresentare i pianeti, il sole e la luna, mentre altri gruppetti rappresentano i nostri personaggi che cercano di ritornare sulla terra.

Dia prima Lei un esempio di come si gioca, andando da ciascun pianeta e rivolgendo una serie di domande finalizzate appunto alla ripetizione di strutture apprese in **Girotondo 1**. Ad esempio, instauri un dialogo del tipo *"Ciao, io sono ... e tu chi sei? Come stai? Che cosa fai qui?"* ecc., cercando di adattare le domande sulla base delle risposte dei bambini.

Chieda poi: *"Devo tornare sulla terra. Dove devo andare?"* e si faccia dare le indicazioni dai bambini, che si baseranno sul testo della filastrocca e su quanto appreso in precedenza in questo percorso.

Lasci poi che i bambini, prima di rappresentare la scena, si preparino a piccoli gruppi e decidano tra di loro quali domande porre. Eventualmente permetta loro di prepararsi del materiale che meglio li aiuti a rappresentare la scena.

Durante la preparazione del dialogo La invitiamo a passare tra i gruppi e dare ai bambini eventuali suggerimenti utili per la comunicazione del contenuto e in alcuni casi per aiutare i bambini a riflettere sulla lingua.

Dia inizio al gioco e durante lo stesso giri tra i gruppetti per ascoltare quanto emerge dai dialoghi e per aiutare i bambini in caso di richieste specifiche.

21 il dizionario illustrato

Inviti i bambini ad andare alle pagine I e II degli allegati e a completare le didascalie relative al nome dei pianeti, del sole e della luna. Se lo ritiene necessario per meglio memorizzare i nomi, può far giocare i bambini a tombola con le figurine prima di incollare le stesse sul dizionario illustrato. Se invece ritiene che questa attività sul dizionario non sia necessaria in classe, la può far eseguire a casa.

22 Ascoltiamo una filastrocca

Testo introduttivo:

Lillo:	Venite a vedere. Un'altra cesta!

Testo della filastrocca:

Bambina:	Un'altra cesta! Ah, ma che bello! Vola una tazza. Che cosa sarà? Una tovaglia, vola un coltello. Manca la forza di gravità.
Lillo:	A cosa serve questo bicchiere?
Bambina:	Quando hai sete serve a bere.
Lillo:	E a cosa serve il cucchiaino?
Bambina:	Serve a mangiare i biscotti al mattino.
Bambina:	Volano gli oggetti. Che meraviglia! È la magia di una bacchetta. C'è un tovagliolo in una bottiglia, nella tazzina c'è una forchetta.
Lillo:	A cosa serve questo cucchiaio?
Bambina:	Serve a bere il brodo in gennaio.
Lillo:	E a cosa serve allora la cesta?
Bambina:	Serve a nascondere tutta la testa.

22.1 Prima dell'ascolto della filastrocca mostri le figurine illustrate relative agli oggetti citati nella filastrocca stessa senza insistere sul nome dell'oggetto, ma chiedendo semplicemente *"Che cosa fai con questo \ questa?"*, in modo da creare una certa curiosità a conoscere parole nuove.

22.2 Prima di procedere al primo ascolto disponga le figurine illustrate nella classe, poi faccia ascoltare la filastrocca e le indichi nel momento in cui vengono citate.

22.3 Ascolti di nuovo la filastrocca e inviti i bambini a indicare loro stessi le figurine relative agli oggetti citati.

22.4 Successivamente proceda a un ascolto a libro aperto, in modo che i bambini vedano direttamente le parole vicino agli oggetti, mentre cercano di ripetere la filastrocca.

22.5 Divida la classe in quattro gruppi e assegni a ciascuno le figurine degli oggetti di ogni strofa (I°: tazza, tovaglia e coltello; II°: bicchiere e cucchiaino; III°: tovagliolo, bottiglia, tazzina e forchetta; IV°: cucchiaio e cesta). Faccia ascoltare nuovamente la filastrocca poi inviti ogni gruppo a cercare di ricordare la strofa assegnata. In caso lo ritenesse opportuno faccia ascoltare ancora la filastrocca e infine inviti ogni gruppo a ripetere la propria strofa.
Provi a scambiare i gruppi e a conclusione distribuisca, sempre che lo ritenga necessario, una fotocopia della filastrocca.

23 Giochiamo e scriviamo

23.1 Prima di procedere all'attività scritta, mostri le figurine illustrate appena prese in esame e chieda per ciascuna *"A cosa serve la forchetta?"*. È molto probabile che i bambini rispondano usando semplicemente l'infinito del verbo, senza la preposizione che precede. Non corregga direttamente il bambino ma rinforzi la risposta, ad esempio, con *"Bravo, serve a mangiare"*.

23.2 Faccia eseguire il gioco e inviti i bambini a cerchiare le parole corrispondenti ai disegni.

T	B	T	O	V	A	G	L	I	O	L	O
A	I	G	T	O	V	A	G	L	I	A	C
Z	C	O	L	T	E	L	L	O	R	T	U
Z	C	X	V	O	B	T	B	C	T	A	C
I	H	O	E	A	C	E	S	T	A	Z	C
N	I	D	G	L	T	V	D	T	N	Z	H
A	E	X	B	F	P	E	G	T	B	A	I
C	R	V	F	O	R	C	H	E	T	T	A
D	E	B	O	T	T	I	G	L	I	A	I
C	S	C	U	C	C	H	I	A	I	N	O

23.3 Una volta individuate le parole, faccia completare gli schemi sottostanti con l'elenco degli oggetti che servono a mangiare o a bere. Rimane la domanda relativa a *"la cesta"*, a cui i bambini possono rispondere guardando la filastrocca o a loro gradimento.

24 Il dizionario illustrato

Inviti i bambini ad andare alla pagina II degli allegati e completare le didascalie degli oggetti. Quindi le faccia incollare negli appositi spazi del dizionario illustrato.

25 Ascoltiamo e scriviamo

Testo del dialogo:

Lillo:	Che cos'è?
Bianca:	È un registratore.

Lillo:	A cosa serve?
Bianca:	Serve a registrare le voci dei bambini.
	Senti qui i bambini di Blunasia.

25.1 Prima di ascoltare il dialogo, faccia osservare il disegno e indichi il registratore, chiedendo *"Che cos' è?"* e *"A cosa serve? Ascoltiamo il dialogo"*.

25.2 Faccia ascoltare il dialogo a libro chiuso e poi ponga nuovamente le domande precedenti.

25.3 Ascolti ora il dialogo a libro aperto e permetta ai bambini di leggere il testo.

25.4 Al fine di rinforzare l'uso della domanda *"A cosa serve?"* e della relativa risposta, usi tutti gli oggetti della classe (che i bambini già conoscono) e chieda appunto *"Che cos' è?"* (in modo da rivedere così tutto il lessico già conosciuto) e *"A cosa serve?"* (anche questo un modo per riprendere verbi che i bambini hanno incontrato più volte e anche per introdurne alcuni nuovi).

25.5 Successivamente si ricolleghi alle ultime parole del dialogo e faccia ascoltare le voci dei bambini di Blunasia (frasi già presentate in **Girotondo 1**).

Testo:

Bambino:	Mi sono alzato e ho guardato fuori dalla finestra. Ho detto: "Ma che cosa mi metto oggi? C'è caldo o c'è freddo? Oggi c'è il sole. Allora l'inverno è finito.
Bambina:	Mi sono messa la sciarpa e i guanti e sono uscita. Ho camminato e ho giocato nella neve tutto il giorno ma ... che freddo! Sono tornata in casa e ho bevuto un tè caldissimo.
Bambino:	Sono andato al mare con la mia famiglia. Che caldo! Ho fatto il bagno tutti i giorni e ho incontrato tanti nuovi amici. Che belle vacanze!
Bambina:	Sono uscita e mi sono bagnata perché ho dimenticato l'ombrello. La pioggia adesso è fredda, non è come in estate.

25.6 Faccia dapprima ascoltare le descrizioni dei bambini e le faccia indicare sul testo (il testo scritto non corrisponde esattamente alle frasi ascoltate).

25.7 Faccia poi osservare i verbi sparsi nella pagina e faccia completare le frasi. Se necessario ascolti ancora una volta le parole dei bambini.

25.8 Faccia confrontare le frasi in coppia e come verifica, faccia leggere quanto scritto.

CHIAVI:
1. *Mi sono alzato* alle 8.30 e poi *sono uscito*.
2. *Mi sono messa* i guanti e la sciarpa.
3. *Ho giocato* nella neve.
4. *Ho camminato* nella neve.
5. *Sono tornata* in casa.
6. *Ho bevuto* un tè.
7. *Sono andato* al mare.
8. *Ho fatto* il bagno.
9. *Ho incontrato* tanti amici nuovi.
10. *Ho dimenticato* l'ombrello e *mi sono bagnata*.

26 Qual è la differenza?

Testo del dialogo:

Lillo:	Uffa! Il viaggio è lungo, perché non facciamo un gioco?
Pietro:	Sì, che bello!
Lillo:	Ascolta questo indovinello: Si è svegliato alle otto. Si è svegliato alle otto e un quarto. Tutti e due si sono svegliati. Ma qual è la differenza?

26.1 Faccia ascoltare il dialogo e cerchi di far capire ai bambini il significato della domanda *"Qual è la differenza?"*. Completi Lei le prime frasi come esempio: *"Il bambino si è svegliato alle otto e Pietro si è svegliato alle otto e un quarto. Qual è la differenza?"*. Ripeta magari gli orari *"Otto e otto e un quarto"* e ripeta la domanda.

26.2 Faccia completare la seconda frase e riproponga la domanda, finché non sarà chiaro il suo significato.

26.3 Faccia lavorare i bambini a gruppi di quattro: insieme completano le frasi, trovano le differenze e alla fine comunicano oralmente le differenze stesse.

27 Giochiamo ancora
Secondo te, che cosa ha fatto?

Testo introduttivo:

Pietro:	Secondo te, che cosa ha fatto Bianca?
Togo:	Secondo me ... ha giocato con i colori.

27.1 Faccia ascoltare il breve dialogo a libro aperto, da cui dovrebbe apparire che la forma *"Secondo me..."* serve a esprimere un parere personale. Se necessario ricorra ad altri esempi per chiarire meglio l'uso della struttura (ad esempio: *"Secondo te, questo libro è bello o brutto, ecc.?"*).

27.2 Faccia quindi osservare le immagini del libro dello studente e inviti i bambini a rispondere alla domanda *"Secondo te, che cos' ha fatto?"*. Dia prima Lei l'esempio, poi lasci che i bambini si pongano le domande in coppia.

27.3 Lasci proseguire i dialoghi a Sua discrezione e infine verifichi quanto emerso dalle conversazioni ponendo nuovamente ai bambini la stessa domanda.

28 Giochiamo

Faccia giocare i bambini sul modello dell'attività precedente. A turno un bambino mima un'azione e gli altri devono indovinare che cos'ha fatto. Ponga Lei la domanda *"Secondo voi, che cos' ha fatto?"* e lasci che i bambini formulino le loro ipotesi.
Quando un bambino indovina (sarà il "mimo" a dare la conferma della risposta giusta) ha il diritto a mimare lui stesso l'azione.

Prosegua il gioco a Sua discrezione, a seconda del grado di attenzione dei bambini.

CLASSE MONOLINGUE: prendendo spunto dalla forma *"Secondo te..."*, potrebbe invitare i bambini a riflettere sui diversi punti di vista che derivano dall'osservazione di un fatto, di un quadro, di un brano musicale. Sarebbe interessante collaborare con gli insegnanti di musica, lingua 1 e anche matematica e raccogliere le diverse opinioni emerse di fronte a uno stesso evento (per esempio un fatto di cronaca). Da qui si potrebbe impostare un dialogo in cui si ascolta l'opinione dell'altro, ci si scambiano le idee e da cui si può trarre arricchimento reciproco. Questo tipo di lavoro basato sull'effettiva sperimentazione di opinioni differenti e comunque creative sempre nel rispetto della persona, potrebbe essere una buona base per avviare i bambini a una propensione all'ascolto e al dialogo come mezzo per comunicare con gli altri.

29 Cantiamo una canzone

STORIA: i bambini arrivano a casa e raccontano tutto ciò che hanno visto e fatto a Blunasia con i loro amici. Suggeriamo di evidenziare l'incontro con il Grande Albero e il tema del rispetto della natura e degli animali come caratteristica di Blunasia. Pensiamo che il tema della storia possa essere un buon motivo per aiutare i bambini a sviluppare gradualmente una certa sensibilità verso l'ecosistema di cui anche loro fanno parte.
Il tema di **Girotondo 2** sarà incentrato sulle cause che spesso portano a rompere gli equilibri dell'ecosistema e quindi diventa, in un certo senso, motivo di riflessione e nello stesso tempo di educazione al rispetto dell'ambiente.

29.1 Prima dell'ascolto della canzone faccia aprire il libro e faccia leggere quello che dicono i genitori di Pietro e Bianca al momento del loro arrivo sulla Terra. Rilegga Lei il testo e con la mimica e l'espressione del viso faccia in modo che i bambini comprendano rapidamente. L'aspetto più interessante è dato dalla richiesta *"Raccontami tutto"*, che introduce il tema appunto del raccontare, uno degli aspetti che acquisterà molta importanza nella prosecuzione di **Girotondo**.

Dialogo introduttivo alla canzone:

Genitori di Bianca e Pietro:	Che bello! Siete ritornati!
Mamma di Pietro:	Che cosa avete fatto di bello? Raccontami tutto!

Passi dunque all'ascolto della canzone.

Testo: Siamo partiti per un lungo viaggio
e siamo arrivati a Blunasia, lassù.
Il mare è giallo, come un fiore a maggio,
Un monte è rosso, uno verde e uno blu.

Abbiamo incontrato tutta la famiglia
di Togo e gli amici che vivono là.
Ma quanti colori, è una meraviglia,
la gente è diversa, un po' come qua.

Ritornello:
Quante cose da imparare.
Quanto amore da donare.
A Blunasia o sulla Terra
non si faccia mai la guerra!

Abbiamo dormito a casa di Togo
insieme a Cecilia, che ha i capelli viola.

Ci ha accompagnati a vedere ogni luogo,
così abbiamo visto anche la scuola.

Il Grande Albero a lungo ha parlato
del mondo, degli uomini e degli animali.
Rispetto degli altri lui ci ha insegnato,
in Terra o a Blunasia tutti sono uguali.

Ritornello:
Quante cose da imparare.
Quanto amore da donare.
A Blunasia o sulla Terra
non si faccia mai la guerra!

Le biglie hanno parlato di un grande tesoro
e alla sua ricerca noi siamo partiti.
Però non abbiamo trovato dell'oro,
ma un armadio pieno di caldi vestiti.

E per ritornare Togo ci ha dato
un'astronave, perché siamo amici.
In ogni pianeta abbiamo viaggiato
e adesso noi siamo contenti e felici.

Ritornello:
Quante cose da imparare.
Quanto amore da donare.
A Blunasia o sulla Terra
non si faccia mai la guerra!

29.2 Inviti i bambini a osservare le immagini della canzone sparse sulla pagina e cerchi di elicitare da loro il contenuto della canzone stessa. In questa fase di pre-ascolto i bambini comprenderanno che il contenuto della canzone è riassuntivo di quanto è successo a Blunasia in tutto il libro precedente.

29.3 Ora chieda ai bambini di ascoltare la canzone una prima volta cercando di seguire le immagini sul libro.

29.4 Ad un secondo ascolto inviti i bambini a numerare le immagini sparse secondo l'ordine in cui vengono cantate.

29.5 Prima del terzo ascolto cominci a verificare se i bambini hanno già numerato alcune immagini e quindi dia loro il tempo per completare. Infine proceda al terzo ascolto.

Riprenda eventualmente la canzone fermando l'ascolto dopo ogni strofa e permettendo di controllare se l'ordine dato dai bambini corrisponde alla sequenza delle strofe della canzone.

29.6 Faccia quindi provare a cantare la canzone con Lei cercando di mimarne le azioni.

29.7 A questo punto, se lo ritiene opportuno, distribuisca una fotocopia della canzone in modo da permettere ai bambini di cantare seguendo il testo scritto.

Potrebbe soffermarsi sul ritornello cercando di far riflettere i bambini sul significato dell'amore e della guerra. Li inviti a confrontarsi nel modo in cui riescono a esprimersi e faccia da moderatore per dare la possibilità a tutti di poter parlare. Ricordi di far utilizzare l'espressione *"Secondo me..."* vista precedentemente nel percorso. Scriva eventualmente i pensieri espressi su fogli da accompagnare a un disegno e da appendere in classe.

Campionato dei ricordi

1 Scriviamo

Divida la classe in squadre di quattro e inviti ogni squadra a mettere in sequenza le immagini e a scrivere le frasi corrispondenti a ciascuna immagine su un foglio, dando un tempo limite di circa 10 minuti.

Allo scadere del tempo le squadre devono consegnare il foglio con le frasi. Vince la squadra che ha terminato tutto e scritto correttamente tutte le frasi. Dato che i bambini possono utilizzare diverse possibilità nella formulazione delle frasi, resta a Sua discrezione l'accettare o meno la correttezza delle frasi stesse.

Possibili risposte: Alle otto ha fatto colazione.
Alle nove è andato a scuola.
Alle dieci ha mangiato un panino.
Alle dieci e un quarto ha disegnato.
Alle undici meno dieci ha letto un libro.

Assegni 10 punti alla squadra che termina per prima il lavoro e via via 2 punti in meno a quelle che consegnano successivamente. Le ultime riceveranno 2 soli punti. Nel caso di errori non vale più il tempo di consegna ma il numero di errori fatti (a parità di errori torna a essere valido il tempo di consegna).
Infine scriva alla lavagna le frasi corrette (indicando, se vuole, diverse possibilità corrette) e inviti i bambini a riportarle sul proprio libro.

 ## 2 Com'è?

Divida la classe in squadre di quattro e faccia completare, sul libro di uno dei bambini, le didascalie sotto le immagini, facendo scegliere gli aggettivi nel riquadro.

Lasci 10 minuti di tempo per completare il lavoro e al termine si faccia consegnare i libri e attribuisca mezzo punto a ogni risposta corretta, quindi scriva le stesse risposte corrette alla lavagna, invitando i bambini a ricopiarle sul loro libro.

CHIAVI: È un uomo alto e magro.
È una sciarpa rossa e lunga.
È una donna alta con i capelli corti e gli occhi azzurri.
È un albero grande con le foglie gialle.
È un bambino con gli occhi marroni e i capelli dritti.
È un cane basso con le orecchie lunghe.

 ## 3 Dov'è la penna?

Divida la classe in squadre di quattro bambini. Il gioco consiste nel bendare un bambino di ogni squadra, il quale riceve indicazioni dagli altri tre per raggiungere la penna collocata in un posto qualunque della classe. Per poter eseguire il gioco è necessario creare un percorso all'interno della classe, o attraverso i banchi o con un gesso per terra, e mettere la penna nel punto finale del percorso.

Il bambino bendato deve seguire le indicazioni dei compagni e raggiungere la penna nel minor tempo possibile.

Il punteggio è relativo al numero delle squadre, cioè se ci sono cinque squadre la prima avrà 10 punti, la seconda 8 e così via a scalare fino alle ultime che ne ricevono 2.

4 La rana e il fiume

Gioco della rana e del fiume per fare un riepilogo delle strutture.

Suddivida la classe in squadre di quattro.
Dapprima esegua il gioco indicato sul libro di testo. I bambini devono riordinare correttamente la frase, in modo da poter attraversare il fiume e raggiungere il regalo che c'è sull'altra sponda.

Successivamente inviti i bambini ad andare alle pagine III e IV degli allegati, dove incontreranno una serie di sassi da ritagliare e da incollare nell'ordine corretto.

Faccia incollare tutti i sassi (frasi) su dei fogli quindi si faccia consegnare i lavori, attribuendo come al solito un punto a ogni risposta esatta. Faccia una croce di fianco alle frasi errate, poi scriva alla lavagna tutte le risposte corrette, in modo che i bambini verifichino dove hanno sbagliato.
Nel caso avesse poco tempo a disposizione può semplicemente fare scrivere le frasi su un foglio, senza far tagliare e incollare le pietre. Quindi si faccia consegnare quanto scritto e riscriva le forme corrette alla lavagna.

La seconda fase dell'attività può essere svolta individualmente dai bambini e consiste nel collegare le frasi (due a due) che possono stare insieme. Dia l'esempio con la prima *"Dov' è andato Pietro?"*, *"È andato a casa di Bianca"*. I bambini devono tagliare le frasi e reincollarle su un altro foglio nell'ordine corretto (in caso di mancanza di tempo si ricorda quanto detto nel paragrafo precedente).
Per questa attività conceda 15 minuti di tempo e alla fine del lavoro si faccia consegnare i nuovi fogli, assegni un punto a ogni domanda e risposta esatte. Il primo che consegna il lavoro tutto corretto prima dello scadere dei 15 minuti avrà diritto a un bonus di 8 punti, il secondo 6, il terzo 4 e il quarto 2. Nel caso di errori riscontrati nei lavori consegnati prima dello scadere del tempo, non si ha diritto a nessun bonus.

Riportiamo qui le frasi mescolate e quelle corrette, nell'ordine finale. Nell'allegato del libro dello studente le frasi hanno chiaramente un ordine sparso.

Pietro, andato ? dov', è	Dov'è andato Pietro?
a, di, Bianca, casa, andato, é	È andato a casa di Bianca.
che, di, ?, sono, suoi, colore, capelli, i	Di che colore sono i suoi capelli?
castani, sono, capelli, i, suoi	I suoi capelli sono castani.
stazione, ?, dov', la, è	Dov'è la stazione?
dritto, a, poi, gira, va', sinistra	Va' dritto poi gira a sinistra.
?, cosa, ha, la, di, Cecilia, fatto, che, mamma	Che cosa ha fatto la mamma di Cecilia?

una, ha, pizza, fatto	Ha fatto una pizza.
serve, la, a, penna, ?, cosa	A cosa serve la penna?
scrivere, a, serve	Serve a scrivere.
non,?, giochiamo, perché,	Perché non giochiamo?
che, sì, bello	Sì, che bello.
Le, foglie, ?, perché, volano	Perché volano le foglie?
Il, c'è, perché, vento	Perché c'è il vento.
Togo, cosa, ?, in, che, fatto, autunno, ha	Che cosa ha fatto Togo in autunno?
andato, a, scuola, è	È andato a scuola.
è, tua, com', ?, sorella	Com'è tua sorella?
piccola, è, bambina, magra, e, una	È una bambina piccola e magra.
che, ha, Pietro, secondo, cosa, mangiato, ?, te	Seconde te, che cosa ha mangiato Pietro?
panino, un, mangiato, secondo, ha, me	Secondo me ha mangiato un panino.

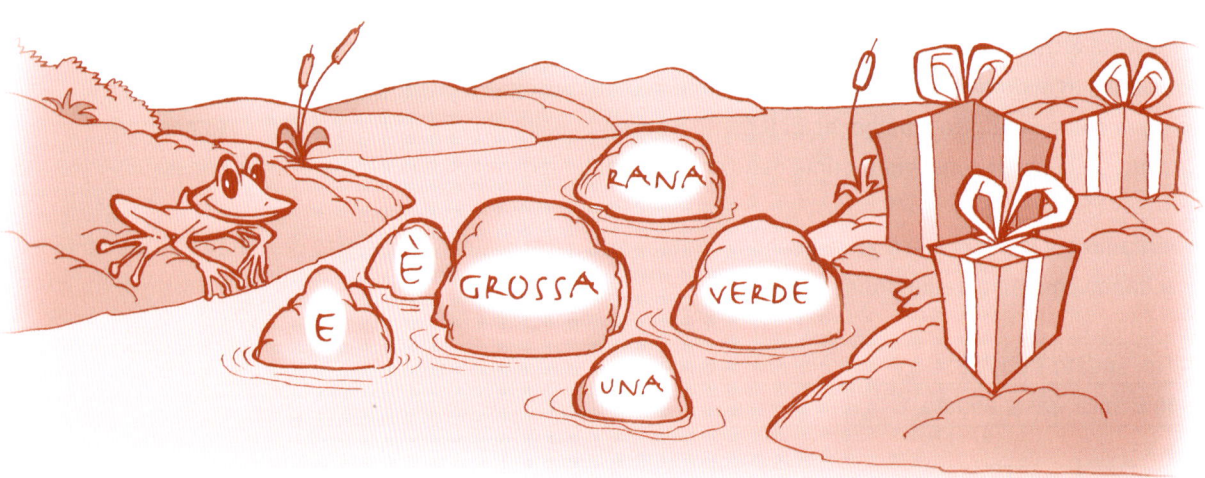

PERCORSO 2

FUNZIONI		MORFOSINTASSI	LESSICO
Chiedere ed esprimere il desiderio e lo scopo di compiere un'azione.	Dove volete andare? Vogliamo andare in gelateria a mangiare un gelato.	Proposizione interrogativa con *dove*? Proposizione dichiarativa. **Verbo irregolare *volere*** + infinito. Verbo irregolare *andare* + preposizione *a* + infinito. Preposizioni *in* e *a*.	**La famiglia, gli amici**
			nonni
			Il cibo
			arancio*
			banana*
			carota*
			cipolla*
			fagiolo*
			frutta
Esprime accordo.	D'accordo.		gelato
			insalata*
Descrivere aspetti quotidiani del proprio ambiente: i luoghi del quartiere.	Dov'è la pizzeria? Di fianco al bar.	Proposizione interrogativa con *dove*? Proposizione dichiarativa. **Preposizioni di luogo *di fianco* e *di fronte*.**	limone*
			mela*
			patata*
			pera*
			pomodoro*
			uva*
Richiedere e offrire qualcosa.	Mi dica. Che cosa volete? Mi dà, per favore.... Ecco a lei.	Proposizione interrogativa con *che cosa*? **Verbo irregolare *volere*.**	verdura
			Luoghi e ambiente
			banca*
			bar*
			cartoleria*
Chiedere e dare informazioni sui prezzi.	Quant'è/Quanto costa? Sono... euro.	Proposizione interrogativa con *quanto*? Proposizione dichiarativa.	cinema*
			farmacia*
			gelateria*
			mercato*
Chiedere e dire che cosa si è o non si è in grado di fare.	Che cosa sai fare? So nuotare. Non so...	Proposizione interrogativa con *che cosa*? Proposizione dichiarativa. **Verbo irregolare *sapere*** + infinito.	negozio
			pasticceria*
			piscina*
			pizzeria*
			ristorante*
			supermercato*

FUNZIONI		MORFOSINTASSI	LESSICO
Chiedere ed esprimere gusti e preferenze: lo sport preferito.	Qual è il tuo sport preferito? Il mio sport preferito è il calcio. Mi piace \ non mi piace + infinito.	**Proposizione interrogativa con *quale*?** Proposizione dichiarativa. Articoli determinativi. Aggettivi possessivi *mio*, *tuo* e *suo*. Verbo *piacere*.	**Sport, tempo libero, vacanze** baseball* calcio* corsa* ginnastica* judo* nuoto* pallacanestro* pallavolo* pattinaggio* rugby* sci* sport* tennis*
Richiedere il permesso di fare qualcosa.	Possiamo parlare con Togo?	Proposizione interrogativa. **Verbo irregolare *potere*.** Preposizione *con*.	**Oggetti e nomi vari** borsa chilo città difficoltà medicine radio rumore soffitta sogno spesa
			Saluti e altre frasi fatte arrivederci basta così? dimmi ecco a Lei grazie e arrivederci
			Aggettivi qualificativi distante gigante maturo particolare pesante

FUNZIONI	MORFOSINTASSI	LESSICO
		preferito
		speciale
		I verbi
		capire
		cercare di
		danzare
		pattinare
		provare
		raccontare
		sciare
		svelare
		Avverbi (e locuzioni avverbiali) di luogo
		di fianco a
		di fronte a
		Preposizioni
		sulla
		Pronomi
		qualcuno

Nota per il lessico:
i termini seguiti da asterisco (es. *arancio**) hanno le corrispondenti figurine illustrate.

** Nota: gli elementi evidenziati in neretto nella colonna della morfosintassi vengono presi in esame nella sezione denominata *La mia grammatica*.

1 Ascoltiamo

STORIA: i bambini sono ritornati a casa e hanno voglia di rivedere la loro città.

Testo:

Pietro:	Mamma, perché non andiamo un po' in città?
Mamma di Pietro:	Va bene. Dove volete andare?
Pietro:	Io voglio andare in gelateria a mangiare un gelato.
Bianca:	Io voglio andare in pizzeria a mangiare una pizza.
Nonni di Pietro:	E noi vogliamo andare al supermercato a fare la spesa.
Mamma di Pietro:	D'accordo. Andiamo con la macchina.

1.1 Prima dell'ascolto del dialogo faccia osservare le immagini e chieda dove sono i bambini, che cosa vuole fare Pietro, che cosa vuole fare Bianca, e altre domande simili: in questo modo si rivedono funzioni già viste e si introduce il nuovo lessico che si ascolterà nel dialogo.

1.2 Faccia ascoltare una prima volta il dialogo permettendo ai bambini di seguire ancora le immagini sul libro.

1.3 Per il secondo ascolto inviti i bambini a numerare le scene. A tale proposito può chiedere *"Qual è il primo disegno? E il secondo?"*, così da ripetere anche i numeri ordinali.

1.4 Faccia lavorare i bambini in coppia e faccia controllare l'ordine della numerazione delle immagini.

1.5 Faccia quindi leggere le domande a scelta multipla e eventualmente proceda a un ulteriore ascolto per permettere di rispondere.

1.6 Infine, sempre a seguito di un lavoro di coppia, faccia leggere ad alta voce le frasi complete. Non si soffermi troppo sulle parole che i bambini non conoscono, dato che verranno riprese e imparate con le attività successive.

2 Cantiamo una canzone

STORIA: la mamma di Pietro accompagna tutti in macchina e i bambini sono contenti di rivedere la loro città dopo tanto tempo.

Bianca:	Guarda là in fondo, la pasticceria. Ma quanto tempo siamo stati via?

	Un cinema nuovo. Dov'è la piscina? Qui tutto cambia da sera a mattina.
Nonno:	Io devo andare in farmacia per le medicine che vuole tua zia. Poi vado a piedi al ristorante di fronte al bar, non è distante.
Pietro:	Io prendo un quaderno in cartoleria e un pezzo di pizza in pizzeria. E quello cos'è? Ma quando è nato?
Nonno:	È un negozio gigante. È il supermercato.
Mamma:	Bene ragazzi, io sono un po' stanca. Mi devo fermare. È aperta la banca. Poi andiamo tutti a mangiare un gelato in gelateria, di fronte al mercato.

2.1 Faccia dapprima osservare la pianta della città e chieda ai bambini se riconoscono i luoghi che vi sono rappresentati (hanno già incontrato alcuni vocaboli nella scelta multipla dell'attività precedente).

2.2 Prima di procedere al primo ascolto della canzone disponga le figurine illustrate dei luoghi citati (farmacia, gelateria, ecc.) in diversi punti della classe, quindi le indichi al momento dell'ascolto.

2.3 Esegua un secondo ascolto invitando i bambini a indicare loro stessi i luoghi citati (se necessario proceda a più ascolti).

2.4 Divida la classe in quattro gruppi e assegni a ciascuno tre figurine illustrate relative ai luoghi citati in ogni strofa. Faccia sollevare le figurine nel momento in cui vengono citate. A ogni ascolto scambi le figurine in modo che i bambini possano vederle tutte.

2.5 Divida ora la classe in quattro gruppi e inviti ciascun gruppo a ricordare ognuno una strofa della canzone. Lasci che i bambini cerchino di ricostruire il testo poi faccia eventualmente riascoltare la canzone.

2.6 Infine distribuisca una fotocopia della canzone ed esegua una ripetizione corale.

3 Dove devono andare?

Faccia osservare le immagini del libro dello studente e chieda *"Pietro e Bianca vogliono andare in farmacia. Dove devono andare?"*. Inviti dunque i bambini a rispondere osservando la piantina dell'attività precedente. Proceda con la classe cambiando ogni volta la meta.

4 Giochiamo

Si tratta del classico gioco della battaglia navale dove, al posto di numeri e lettere, ci sono frasi da comporre.

I bambini giocano a coppie. Disegnano dieci croci (+) nello schema e devono reciprocamente indovinare dove il compagno ha collocato le proprie. Per fare questo devono leggere un elemento della colonna verticale (*"La cartoleria è..."*) e uno della riga orizzontale (*"...di fianco al bar."*). Chi indovina ha diritto alla prosecuzione del gioco. In caso di errore si passa la mano al compagno. Per ricordare le posizioni del compagno i bambini possono fare un cerchio nelle caselle vuote e una "x" nelle caselle indovinate.

5 Di fronte o di fianco?

Dapprima inviti i bambini a completare le didascalie delle immagini, poi faccia leggere quanto scritto e infine vada alla piantina dell'attività 2 e, come esempio, ponga domande del tipo *"Dov' è la farmacia?"*, così che i bambini possano usare le forme *"di fianco"* e *"di fronte"*. Non si soffermi su eventuali errori nell'uso della preposizione articolata, dato che non è questo l'obiettivo dell'attività.

Dopo alcuni esempi inviti i bambini a giocare a coppie ed eventualmente giri tra i banchi per monitorare i dialoghi.

6 Giochiamo

Faccia osservare le immagini del libro e inviti i bambini a "spezzare la catena" e a inserire le parole nelle righe sottostanti.

7 Il dizionario illustrato

A questo punto può eseguire l'attività relativa al dizionario illustrato. Inviti i bambini ad andare alla pagina V degli allegati, a completare le didascalie e a incollare le figurine sul proprio dizionario.

Come spesso ripetuto in altre occasioni, lasciamo alla Sua discrezione la possibilità di far svolgere quest'attività a casa.

Se invece ritiene importante lavorare ancora su questo lessico, può sempre svolgere una delle attività con le figurine illustrate indicate in appendice a questo volume.

8 La mia grammatica

Inviti i bambini ad andare alla pagina 5 de *La mia Grammatica* e a completare gli esempi relativi alle preposizioni *"di fianco"* e *"di fronte"*.

9 Ascoltiamo

Mamma di Pietro:	Bambini, andiamo al supermercato. Devo fare la spesa.
	Volete venire anche voi o volete restare con i nonni?
Bianca:	Vogliamo venire anche noi.
Mamma di Pietro:	E i nonni cosa vogliono fare?
Pietro:	Vengono anche loro.

9.1 Faccia ascoltare una prima volta il dialogo a libro chiuso e chieda dove vanno i bambini.

9.2 Faccia poi aprire il libro e faccia riascoltare il dialogo osservando le immagini sul testo.

9.3 Faccia poi leggere le frasi dell'attività di vero\falso e inviti i bambini a rispondere, facendo eventualmente ascoltare ancora il dialogo. Se lo ritiene opportuno inviti i bambini a spiegare perché alcune risposte sono false.

9.4 Come verifica faccia leggere le risposte ad alta voce.

10 Ascoltiamo una filastrocca

Testo della filastrocca:

Commesso:	Venite, venite, entrate al mercato.
	Potete trovare anche il gelato.
	Ci sono i vestiti per uomini e donne,
	le scarpe, i maglioni e anche le gonne.
	Ci sono i giochi per tutti i bambini,
	per quelli già grandi e per i più piccini.
Al banco della frutta e verdura:	Guardate, signori, che bella verdura: carote, cipolle, fagioli e patate.

C'è anche la frutta, è molto matura:
Arance e limoni. Che mele, guardate!

Là le banane con l'uva e le pere.
Qui c'è l'insalata con i pomodori.
Frutta e verdura son qui da vedere.
Qui c'è proprio tutto. Comprate, signori!

10.1 Faccia osservare il disegno e chieda dove sono i personaggi, che cosa fanno, che cosa possono comprare al mercato, ecc.

10.2 Faccia poi ascoltare la filastrocca a libro aperto e mostri con il Suo libro gli oggetti e gli alimenti citati.

10.3 Per il secondo ascolto distribuisca le Sue figurine illustrate relative agli alimenti (anche quella di scarpe, maglione e gonna prese dal set di figurine di **Girotondo 1**) e le faccia sollevare nel momento in cui vengono citate.

10.4 Inviti poi i bambini e ripetere la filastrocca e, se necessario, distribuisca una fotocopia del testo presa dalla Sua guida per l'insegnante.

10. 5 Il gioco dell'impiccato:
Prima di completare i due insiemi con i nomi relativi alla frutta e alla verdura, Lei può eseguire il classico gioco dell'impiccato. Facendo tenere il libro chiuso, in modo che i bambini non vedano le parole già scritte, divida la classe in due squadre: il bambino di una squadra viene alla lavagna e scrive la lettera iniziale e finale di una parola con in mezzo i trattini relativi alle rimanenti lettere della parola. La squadra avversaria cerca di indovinare le lettere mancanti. A ogni errore si traccia un tratto della sagoma di un impiccato (in tutto 10 tratti). La squadra vince un punto se completa la parola prima che venga completata la sagoma dell'impiccato.

NOTA: il gioco dell'impiccato è un classico dei testi per bambini e glielo consigliamo ogni volta che desidera introdurre un'attività distensiva volta al ripasso o all'acquisizione del lessico.

10.6 A questo punto inviti i bambini a scrivere le parole nelle due ceste e, come verifica, faccia leggere quanto scritto.

11 Ascoltiamo

Testo del dialogo:

Commesso:	Buongiorno, signora. Mi dica.
Mamma di Pietro:	Mi dà, per favore, un chilo di mele, mezzo chilo di pomodori e due chili di arance.
Commesso:	Allora, un chilo di mele, mezzo chilo di pomodori e due chili di arance. Basta così?
Mamma di Pietro:	Sì, grazie. Quant'è?
Commesso:	Sono 4 euro.
Mamma di Pietro:	E l'uva quanto costa?
Commesso:	2 euro al chilo.
Mamma di Pietro:	Mi dà anche due chili d'uva?
Commesso:	Ecco a Lei. In tutto sono 8 euro. Grazie e arrivederci.
Mamma di Pietro:	Arrivederci.

11.1 Faccia osservare il disegno e chieda che cosa, secondo i bambini, compra la mamma di Pietro.

11.2 Faccia quindi ascoltare il dialogo facendo seguire le immagini e i testi scritti sul libro.

11.3 Inviti poi i bambini a segnare su un foglio che cosa (anche la quantità) compra la mamma di Pietro. Eventualmente faccia ascoltare il dialogo più volte.

11.4 Una volta accertato cosa compra, faccia completare a coppie quanto spende la mamma di Pietro. Come verifica lo faccia leggere ad alta voce.

11.5 A questo punto simuli il dialogo appena ascoltato con un bambino a Sua scelta. Metta su un banco le figurine illustrate relative ai prodotti e interpreti il ruolo del commesso. Provi la scena alcune volte evidenziando le espressioni relative alla funzione di "richiedere e offrire qualcosa" e "ricevere e dare informazioni sui prezzi".

11.6 Esegua quindi alcune simulazioni di verifica, poi passi al gioco dell'attività successiva.

12 Giochiamo

12.1 Faccia brevemente osservare il dialogo che introduce il gioco sul libro dello studente, quindi inviti i bambini a giocare.

Si tratta di organizzare la classe come se fosse un mercato, dove vengono venduti i prodotti di cui già i bambini conoscono il lessico. A tale proposito può utilizzare le Sue figurine illustrate (di **Girotondo 1**) oppure si faccia suggerire dai bambini stessi, in base alla loro fantasia, il modo in cui organizzare il mercato.

È un gioco di produzione piuttosto libera in cui i bambini devono usare le strutture appena incontrate ma possono anche instaurare dialoghi che riprendano strutture e funzioni precedente. Lei passi tra i diversi banchi e ponga domande indirizzate a questo fine.

Si tratta di una validissima occasione di verifica di quanto i bambini riescono a produrre liberamente in base alle strutture acquisite in questo e nei precedenti volumi di **Girotondo**.

13 Il dizionario illustrato

Quest'attività legata al dizionario illustrato è un modo per rivedere (anche con l'ausilio de *La mia Grammatica* di **Girotondo 1**) il singolare e il plurale dei nomi e degli articoli determinativi.

Si faccia dunque ripetere le parole relative a frutta e verdura e le scriva alla lavagna. Inviti poi i bambini a dire quale articolo plurale le precede (tranne *"uva"* e *"insalata"* che sono già al singolare), quindi lo scriva di fianco al nome relativo.

A questo punto può far giocare i bambini assegnando un punto al primo che indovina il singolare di nome e articolo.

Scriva alla lavagna la parola corretta e infine inviti i bambini a completare le didascalie delle loro figurine illustrate (pagina VI degli allegati) e a incollarle sul dizionario illustrato.

 ## 14 Scriviamo

Testo (in neretto le parole mancanti):

Commesso:	**Buongiorno** bambini. Voi che cosa **volete**?
Bianca e Pietro:	Buongiorno. **Vogliamo** 2 banane.
Mangiadrillo:	Anch'io **ho fame**.
Commesso:	Che cosa **vuoi** mangiare?
Mangiadrillo:	Io **voglio** una pianta e i nonni che cosa vogliono?
Bianca e Pietro:	**Vogliono** 2 arance.
Commesso:	Ecco una **pianta** per te e 2 arance per i nonni.

14.1 Faccia osservare le vignette e quindi faccia completare i dialoghi scegliendo le parole dal riquadro.

14.2 Una volta completato disponga i bambini a coppie e li faccia confrontare su quanto hanno scritto.

14.3 Come verifica finale può far rappresentare il dialogo.

14.4 Infine faccia completare la pianta del mangiadrillo facendo osservare il dialogo appena scritto.

15 La mia grammatica

Come già visto in **Girotondo 1**, il mangiadrillo è il modo di inserire i verbi irregolari ne *La mia Grammatica*. Faccia dunque andare i bambini alla pagina **6** de *La mia Grammatica* e faccia completare la pianta del verbo *"volere"*.

16 Ascoltiamo una filastrocca

STORIA: un personaggio strano si avvicina a Bianca e Pietro e dice di avere un segreto da raccontare. Per conoscerlo, però, i bambini devono dimostrare di sapere fare alcune cose.

Testo:

Personaggio:	Ciao bambino, sai nuotare?
	Ho un segreto da svelare.
Pietro:	So nuotare? So nuotare?
	Non lo so, posso provare?
Personaggio:	Ciao bambina, sai pattinare?
	Ho un segreto da raccontare.
Bianca:	So pattinare? So pattinare?
	Non lo so, posso provare?
Personaggio:	Il mio segreto è speciale
	e lo posso raccontare
	solo a quelli che sanno fare
	uno sport particolare.
Pietro:	Uno sport particolare?
	Io so sciare e lei sa danzare.

		Uno sport particolare?
		Quasi tutto sappiamo fare.
Personaggio:	Bene, allora, voglio sapere,	
	voi che cosa sapete fare?	
	Andiamo là, voglio vedere,	
	voi che cosa sapete fare?	

16.1 Prima di far ascoltare la filastrocca faccia osservare il personaggio nuovo, faccia dire chi è, come si chiama, da dove viene, e ponga tutta un'altra serie di domande volte da un lato a elicitare la storia del personaggio e dall'altro a riprendere le strutture e le funzioni incontrate in precedenza.

16.2 Chieda poi ai bambini se conoscono i nomi degli sport rappresentati nei disegni e glieli faccia dire anche nelle loro lingue. Scriva alla lavagna la parola "SPORT" e si faccia dire dai bambini quali altri sport conoscono (vi sono infatti sport per i quali si usa solo il termine inglese).

16.3 Proceda dunque a un primo ascolto della filastrocca mimando gli sport citati.

16.4 Proceda a un altro ascolto e inviti questa volta i bambini a mimare loro stessi gli sport che ascoltano.

16.5 A questo punto faccia leggere le domande della pagina successiva e faccia rispondere ascoltando nuovamente la filastrocca a Sua discrezione.

16.6 Dopo aver verificato le risposte provi a far ripetere la filastrocca e, se lo ritiene opportuno, distribuisca una fotocopia della stessa in modo che i bambini possano leggere e ripetere insieme.

17 Giochiamo

17.1 Faccia disporre i bambini in cerchio attorno a Lei e inizi il gioco ponendo a un bambino, a cui avrà tirato una pallina di carta, la domanda *"Sai nuotare? Sai nuotare?"* (cerchi di ritmare la domanda così come ascoltato nella filastrocca precedente). La risposta potrà essere semplicemente *"Sì"* o *"No"* oppure *"Non lo so"*. Se la risposta è affermativa, sempre ritmando la domanda chieda *"Voglio vedere che cosa sai fare!"* e inviti il bambino a mimare il verbo richiesto. Cambi velocemente bambino e verbo in modo da riprendere i verbi già conosciuti e introdurre i verbi legati allo sport (nel dizionario illustrato i bambini incontreranno i seguenti sport: il calcio, la pallacanestro, la pallavolo, la ginnastica, il nuoto, il pattinaggio, il baseball, lo sci, il tennis, il rugby, la corsa, il judo. A questi sport sono legati i corrispondenti verbi: giocare a calcio \ a pallavolo \ a pallacanestro \ a baseball \ a tennis \ a rugby, fare ginnastica, nuotare, pattinare, sciare, correre, fare judo). Chiaramente i bambini non conosceranno il significato di certi verbi o di certi sport: mentre pone la domanda mimi lo sport stesso, in modo che i bambini inizino già in questo gioco a conoscere nuovo lessico.

17.2 Una volta che i bambini hanno appreso il meccanismo del gioco, si faccia sostituire al centro del cerchio e faccia proseguire i bambini da soli, mentre Lei prende il posto del bambino che conduce il gioco.

18 Passaparola

Si tratta del classico gioco chiamato "passaparola". Divida la classe in due squadre e le disponga ciascuna su una fila. Divida anche le figurine illustrate in due gruppi da 6 e inizi il gioco dando una figurina di un gruppo a una squadra e una figurina dell'altro gruppo all'altra squadra. Il primo bambino di ciascuna fila legge il nome della figurina e lo suggerisce nell'orecchio al compagno che a sua volta suggerisce a quello di fianco a sé. L'ultimo bambino di ogni squadra va alla lavagna e scrive il nome che gli è stato sussurrato (la lavagna deve essere divisa in due riquadri, uno per la squadra A e uno per la squadra B).
È importante cambiare bambino che scrive a ogni figurina consegnata, in modo che in tanti possano scrivere. Quando avrà finito le sei figurine ripeta il gioco assegnando alla squadra A le sei figurine della squadra B e viceversa.

Vince la squadra che ha scritto il maggior numero di parole corrette.

19 Ascoltiamo e giochiamo
Qual è il mio sport preferito?

Testo dell'ascolto:

La situazione è quella di una cena, dove un personaggio (Antonio) chiede agli altri che cosa hanno fatto i giorni precedenti:

Antonio:	E allora, Paolo, che cosa hai fatto domenica scorsa?
Paolo:	Domenica sono andato allo stadio a vedere la partita. Sono partito di casa presto, perché per una partita importante (beh, il derby Inter-Milan) c'è sempre tanta gente. La partita è cominciata bene … certo … per me: l'Inter ha segnato un gol nei primi minuti, poi ha giocato all'attacco per tutto il primo tempo, ma purtroppo alla fine del primo tempo il Milan ha pareggiato. Hanno cominciato il secondo tempo tranquillamente, poi il terzino dell'Inter ha preso la palla a centrocampo, ha saltato due avversari poi è sceso sulla fascia e ha crossato la palla al centro. L'attaccante ha colpito forte di testa e ha fatto un altro gol. Così abbiamo vinto la partita. Sono tornato a casa molto contento e alla sera, al bar, ho offerto da bere ai miei amici.

Qual è il mio sport preferito?

Antonio:	E tu, Francesca, che cosa hai fatto ieri sera?
Francesca:	 Ieri sera anch'io ho visto una gara emozionante. Sono andata al palazzetto dello sport a vedere la partita. Hanno giocato la squadra di Bergamo contro quella di Roma. Bergamo ha vinto il primo set 25 a 23: è stato un set emozionante che è finito solo perché l'alzatrice di Roma ha sbagliato una battuta. Poi la squadra di Roma ha vinto gli altri due set ed è andata in vantaggio 2 a 1. Ma Bergamo ha giocato gli ultimi set in modo spettacolare e alla fine ha vinto la partita 3 set a 2.

Qual è il mio sport preferito?

Antonio:	Sentiamo dov'è andato Lorenzo sabato pomeriggio?
Lorenzo:	Io non solo ho visto, ma ho anche giocato. Sono il lanciatore di una squadra che è iscritta al campionato di C1. Abbiamo fatto due partite, la prima sabato pomeriggio e la seconda domenica mattina, dove ho giocato in seconda base e non da lanciatore. Abbiamo perso la prima e vinto la seconda. Io ho lanciato la prima partita, quella che abbiamo perso. Ho giocato bene fino al quinto inning: 10 eliminati e solo 5 basi concesse. Poi ho ceduto e ho fatto fare un fuoricampo a basi piene: quattro punti con una sola battuta. Così al sesto inning il risultato era 8 a 2 per la squadra avversaria. All'ultimo inning abbiamo fatto due punti ma abbiamo perso ugualmente.

Qual è il mio sport preferito?

Antonio:	E tu, Anna, dover sei andata sabato pomeriggio?
Anna:	Sabato ho giocato anch'io, con un'amica. Siamo andate ai campi di via Garibaldi, dove abbiamo prenotato un'ora, dalle 4 alle 5. Mi piace molto giocare con Angela, perché è brava e facciamo sempre delle partite molto combattute: 15 a zero, 15 pari, 30 a 15, 30 pari e così via, fino alla fine. Sabato ho vinto io il primo set 6 a 4, Angela ha vinto il secondo 7 a 5 e il terzo 6 a 3. Eh sì, vince sempre lei, ma io mi sono divertita lo stesso.

Qual è il mio sport preferito?

19.1 Faccia brevemente osservare le 12 figurine illustrate del libro dello studente poi passi subito all'ascolto delle descrizioni degli sport.
Il gioco consiste nell'ascoltare le descrizioni e nell'indovinare conseguentemente di quale sport si tratta (alla fine di ogni descrizione c'è la domanda *"Qual è il mio sport preferito?"*). Divida la classe in gruppetti di 3\4 bambini e assegni un punto a ogni risposta esatta.

NOTA: in ogni descrizione esistono parole chiave che possono permettere l'individuazione dello sport. Non è necessario che i bambini comprendano tutto il testo, dato che si tratta di un'attività di comprensione globale basata su un compito da eseguire.

19.2 Successivamente legga la domanda di Togo e la ponga a ciascuno bambino invitandolo a rispondere. Inizi subito dopo un **nuovo gioco**:

i bambini giocano individualmente. Ognuno deve memorizzare e ricordare lo sport preferito dai compagni. Dopo aver posto a ciascun bambino la domanda *"Qual è il tuo sport preferito?"* inizi a chiedere a ogni bambino *"Qual è il suo sport preferito?"*, indicando il vicino e *"E il suo?"* indicando il bambino a fianco. Proceda così con tutti i bambini: ogni risposta esatta dà diritto a un punto. In caso di errore si passa la mano al compagno.

20 il dizionario illustrato

Inviti i bambini ad aprire il libro alla pagina VII degli allegati e a completare le figurine relative agli sport. Se lo ritiene opportuno, al fine di memorizzare meglio il lessico, può far giocare i bambini a tombola o a uno dei giochi indicati in appendice a questa guida.

21 Ascoltiamo

Testo del dialogo:

Giulia:	Pietro, che cosa ti piace?
Pietro:	Mi piace giocare a pallavolo e non mi piace giocare a calcio.
Giulia:	Che cosa sai fare?
Pietro:	So giocare a rugby ma non so pattinare.
Giulia:	E tu, Bianca, che cosa sai fare?
Bianca:	So sciare e non so giocare a pallacanestro.
Giulia:	E che cosa ti piace?
Bianca:	Mi piace correre e non mi piace fare judo.
	Anche tu, Giulia, dimmi che cosa ti piace.
Giulia:	Mi piace giocare a tennis e non mi piace giocare a baseball.
Bianca:	E che cosa sai fare?
Giulia:	So fare ginnastica ma non so nuotare.

21.1 Faccia dapprima osservare le immagini di Bianca e Pietro e attraverso le loro domande chieda ai bambini ciò che a loro piace o non piace e ciò che sanno o non sanno fare.

21.2 Inviti quindi ad ascoltare una prima volta l'intervista e a seguire le griglie sul libro.

21.3 Proceda dunque a un secondo ascolto e inviti a completare la tabella come nell'esempio. Se necessario esegua alcuni ascolti.

21.4 Una volta completata la tabella può fare ripetere oralmente le risposte, quindi faccia completare le frasi collegate ai personaggi.

21.5 Come prima verifica faccia lavorare i bambini in coppia e li inviti a scambiarsi il libro e a confrontare le loro risposte, quindi faccia leggere quanto scritto.

22 Facciamo un'intervista

Divida la classe in gruppi di quattro: in questa attività i bambini, dopo alcune Sue domande di esempio, dovrebbero lavorare autonomamente e intervistarsi reciprocamente completando la tabella.

Durante l'attività giri tra i bambini e ascolti quanto viene detto. Se lo ritiene opportuno può intervenire con qualche domanda.

Come verifica ponga qualche domanda del tipo *"Che cosa sa fare…?"* oppure *"Che cosa piace a…?"*: i bambini possono rispondere con gli infiniti dei verbi scritti nelle loro tabelle.

23 Il mangiadrillo ha fame

23.1 Faccia osservare l'immagine del dialogo tra il mangiadrillo e Bianca e chieda eventualmente ai bambini se ricordano quali piante aveva mangiato il mangiadrillo nel libro precedente.

23.2 Inviti ora i bambini a seguire le indicazioni di Bianca e faccia riascoltare la filastrocca dell'attività 16. Chieda loro di ricordare il personaggio strano e provi a fare supposizioni su quale sia, secondo loro, il segreto che deve svelare.
Scriva le ipotesi alla lavagna o su un foglio per poi poterle verificare successivamente.

23.3 Una volta ripetuta la filastrocca inviti i bambini a completare la pianta con le voci del verbo *"sapere"* e quindi faccia confrontare con i compagni. Un valido aiuto per il completamento della pianta è dato anche dalle frasi dell'attività 25, dove appunto il verbo *"sapere"* è già scritto: nel caso i bambini non riuscissero a desumere le voci verbali dalla filastrocca, Lei può anticipare l'attività 25 e quindi ritornare a questa attività 23 e alla successiva.

24 La mia grammatica

24.1 Come già visto in **Girotondo 1**, le attività de *La mia Grammatica* collegate ai verbi irregolari sono una semplice ripetizione di quanto già effettuato nell'attività precedente: anche in questo caso, dunque, faccia completare la pianta del verbo *"sapere"* alla pagina 6 de *La mia Grammatica*.

24.2 Inviti anche i bambini ad andare alla pagina 7 e a completare l'esempio con l'interrogativo *"quale"* ed eventualmente a scrivere nuovi esempi che possono aver incontrato o che ricordano dai libri precedenti (es. *"Qual è il tuo indirizzo?", "Qual è il tuo numero di telefono?"*, ecc.).

25 Colleghiamo

25.1 Faccia osservare le figure relative agli sport ed eventualmente faccia ripetere il nome dello sport. Quindi inviti i bambini a collegare le immagine alle frasi corrispondenti.

25.2 Faccia quindi disporre i bambini a coppie e chieda loro di verificare l'attività scambiandosi il libro e leggendo a turno le frasi collegate.

26 Giochiamo

STORIA: il personaggio strano invita i bambini a casa sua, una soffitta piena di ragnatele, libri e quaderni impolverati, televisioni e computer rotti, bauli, pipistrelli che volano e vuole svelare ai bambini il suo segreto.

26.1 Faccia osservare le immagini della soffitta tra cui è nascosto l'oggetto misterioso (la radio) e chieda ai bambini quali oggetti riconoscono nella casa.

26.2 Inviti ora i bambini ad ascoltare una prima volta le parole e a scrivere sul libro la parola che non c'entra. Mettendo insieme le iniziali di ciascuna parola individuata i bambini scopriranno qual è l'oggetto misterioso. Sarà necessario eseguire più ascolti.

Gelateria - Pizzeria - **Rana** - Mercato - Ristorante /
Pomodori - **Arance** - Fagioli - Cipolle - Patate /
Arance - Uva - Banane - **Dodici** - Limoni /
Libro - Quaderno - **Insalata** - Gomma - Penna /
Orologio - Aereo - Treno - Bicicletta - Nave

26.3 Per verificare che tutti i bambini abbiano individuato la parola misteriosa, scriva alla lavagna la lettera iniziale e la lettera finale e inviti i bambini a dettarLe le rimanenti.

26.4 Verifichi anche se nelle ipotesi precedentemente formulate compare la parola misteriosa (radio).

26.5 A questo punto provi a chiedere cosa potrà succedere con la radio che i bambini hanno ricevuto in regalo.

27 Leggiamo e scriviamo

27.1 Inviti i bambini a osservare le immagini sul testo e provi a farsi dire cosa viene rappresentato.

27.2 Successivamente faccia leggere i testi delle pergamene e li faccia collegare alle immagini corrispondenti (sotto ogni immagine ci sono due righe su cui scrivere la didascalia corretta). Come verifica può mostrare le immagini del Suo testo e chiedere a quale frase corrispondono.

27.3 Infine faccia numerare le immagini in modo da ricostruire la storia descritta e la faccia così leggere completa.

Testo completo delle pergamene:

> Sono andato al mercato a comprare la frutta e la verdura. Ho comprato due chili di mele e un chilo di arance. Sono tornato a casa, con la borsa molto pesante. Ho pensato: "Ma che cosa c'è qui dentro?". Ho guardato dentro la borsa e ho visto una radio. Ho sentito la voce di un uomo e il rumore di astronavi. Ho avuto paura e ho nascosto la radio in soffitta, tra i libri, i quaderni e la polvere. Poi ho pensato: "Chi mi può aiutare?" e allora ho cercato di parlare con voi.

27.4 A questo punto può porre alcune domande riguardanti il testo. Ad esempio: *"Dove ha trovato la radio?"*, *"Dove ha portato la radio?"*, *"Perché ha chiesto aiuto ai bambini?"* ecc.

28 Ascoltiamo la radio

STORIA: i bambini si mettono all'ascolto della radio e lentamente capiscono che su Blunasia ci sono degli enormi problemi. Sembra che ci sia una grande siccità, ma non riescono ancora a rendersi conto di cosa stia succedendo.

Bianca:	Bene, ascoltiamo la radio.
Voce radiofonica:	Ultime notizie da Radio Blunasia.
	Anche oggi è stato un giorno molto difficile. Ha fatto molto caldo e tutti sono rimasti in casa. I bambini non sono andati a scuola e molte persone sono andate all'ospedale. Ma che cosa succede sul nostro pianeta?

Si tratta di un'attività di ascolto finalizzata allo sviluppo della storia e alla ripresa di forme del passato prossimo.

28.1 Faccia dunque osservare le immagini e chieda cosa rappresentano.

28.2 Passi poi all'ascolto del testo facendo sempre osservare le immagini sul libro dello studente.

28.3 Successivamente faccia osservare le domande a scelta multipla e inviti i bambini a rispondere.

1. **A Blunasia:**
   ha fatto molto caldo.
   ha fatto molto freddo.
   è nevicato.

2. **Tutti:**
   sono andati al mare.
   sono andati a lavorare.
   sono rimasti in casa.

3. **I bambini:**
   hanno giocato al parco.
   non sono andati a scuola.
   hanno studiato a scuola.

4. **Molte persone sono andate:**
   in piscina.
   al ristorante.
   all'ospedale.

28.4 Come verifica faccia leggere a voce alta le frasi corrette complete.

28.5 Cerchi ora di invitare i bambini a fare supposizioni su quello che sta accadendo a Blunasia ed eventualmente annoti le varie ipotesi per poi poterle verificare.

29 Ascoltiamo ancora

STORIA: i bambini continuano ad ascoltare la radio e intercettano così delle voci lontane. Sono Togo e Cecilia che cercano di mettersi in contatto con la terra per chiedere aiuto.

Togo:	Pronto, pronto, sono Togo. C'è qualcuno? Posso parlare con la terra?
Cecilia:	Pronto, sono Cecilia. C'è qualcuno sulla terra? Possiamo parlare con Pietro e Bianca?
Ombra:	Basta bambini! Non potete parlare. Sulla terra Bianca e Pietro non possono sentire. Basta! Stop! Fine!

29.1 Faccia osservare le immagini e chieda ai bambini cosa possono dire i personaggi e chi è la persona che si intravede nel disegno.

29.2 Vada poi alla pagina VIII degli allegati e faccia leggere quanto scritto dentro le nuvolette, invitando i bambini a prevedere quali siano le parole mancanti.

29.3 Faccia poi ascoltare il dialogo, in modo che i bambini possano completare le nuvolette. Ripeta gli ascolti a Sua discrezione e infine faccia leggere quanto scritto.

29.4 Da ultimo faccia ritagliare le nuvolette e incollarle sul libro dello studente.

29.5 Chieda ancora chi può mai essere l'ombra che parla alla radio e perché Togo e Cecilia vogliono parlare con la Terra. Chieda anche che cosa faranno ora Pietro e Bianca.

 # 30 Cantiamo una canzone

STORIA: i bambini tornano a casa e dicono ai genitori che devono partire per Blunasia perché Togo e Cecilia sono in difficoltà.

Testo della canzone:

Bianca:	Cara mamma, dobbiamo partire, non possiamo più restare qua. Tu sei triste, ma devi capire. Togo e Cecilia sono ancora là. Hanno chiamato perché hanno paura, hanno chiesto dove siamo noi. E Blunasia non è più sicura, noi partiamo, ci vediamo poi.
Mamma di Bianca:	No bambini, non potete andare, voi potete chiamare da qui. Con la radio possiamo ascoltare tutto quello che succede lì.
Bianca:	Cara mamma, tu lo puoi capire. Quegli amici hanno chiesto aiuto. Noi dobbiamo per forza partire, prima che tutto sia perduto. Togo e gli altri ora hanno bisogno. Non possiamo più restare qua. È la vita. Non è certo un sogno. Aiutiamo chi è in difficoltà.

30.1 Faccia osservare le immagini che rappresentano la canzone e provi a chiedere ai bambini che cosa secondo loro viene detto e cantato.

30.2 Proceda a un primo ascolto, quindi faccia leggere le domande dell'attività di "vero\falso".

30.3 Una volta comprese le frasi proceda a ulteriori ascolti (a Sua discrezione), finché i bambini non hanno risposto alle domande.

30.4 Verifichi oralmente le domande poi consegni, se lo ritiene opportuno, una fotocopia del testo della canzone in modo che i bambini possano cantare insieme.

31 Leggiamo

Testo:

Mangiadrillo:	Vengo anch'io. Ma… prima, posso mangiare?
Pietro:	Va bene. Ecco una pianta per te.

Faccia leggere il breve dialogo tra Pietro e il mangiadrillo, quindi faccia completare la pianta del verbo *"potere"*.
Nelle attività precedenti sono apparse diverse forme del verbo, che comunque i bambini già hanno conosciuto e usato in **Girotondo 1**.

32 La mia grammatica

Inviti ora i bambini ad andare alla pagina **6** de *La mia Grammatica* e a completare la pianta di *"potere"*.

il campionato dei ricordi

1 Cerchiamo le parole

CHIAVI

P	A	L	L	A	C	A	N	E	S	T	R	O
A	Q	E	R	G	O	B	G	K	C	G	U	L
T	D	D	C	S	R	F	G	O	I	F	G	H
T	E	N	N	I	S	O	P	L	T	G	B	N
I	A	S	D	F	A	Y	T	C	P	Y	Y	B
N	Q	A	B	A	S	E	B	A	L	L	G	F
A	D	F	G	H	J	K	L	L	G	L	U	N
G	I	N	N	A	S	T	I	C	A	R	O	U
G	A	S	D	F	G	H	J	I	R	E	E	O
I	V	J	U	D	O	D	F	O	S	A	S	T
O	D	F	G	P	A	L	L	A	V	O	L	O

1.1 Faccia osservare i disegni relativi agli sport illustrati intorno allo schema e inviti i bambini a coppie prima a ricercare poi a scrivere, in un tempo da Lei stabilito, la denominazione dello sport corrispondente.

1.2 Attribuisca 10 punti alla prima coppia che finisce correttamente il gioco, 8 alla seconda e così via a scalare fino a dare 2 punti ai bambini che hanno completato correttamente nel tempo dato e 1 punto a chi comunque è riuscito a completare correttamente anche se fuori tempo.

2 Colleghiamo

2.1 Inviti i bambini a disporsi a coppie e a collegare le frasi delle due colonne.

2.2 Attribuisca 10 punti alla prima coppia che finisce correttamente il gioco, 8 alla seconda e così via a scalare fino a dare 2 punti ai bambini che hanno completato correttamente nel tempo dato e 1 punto a chi comunque è riuscito a completare correttamente anche se fuori tempo.

Frasi: Io so nuotare e allora sono andato al mare e ho fatto il bagno.
Tu sai sciare e sei andato in montagna in inverno.
Lei non sa pattinare e è caduta sul ghiaccio.

Noi sappiamo giocare a calcio e abbiamo comprato una palla nuova.
Voi sapete giocare a tennis e avete vinto il set.
Loro sanno giocare a pallavolo ma hanno perso 3 a 2.

3 Scriviamo

3.1 Inviti i bambini, a coppie, ad anagrammare le parole e a completare la didascalia sotto l'immagine corrispondente.

3.2 Attribuisca 10 punti alla prima coppia che finisce correttamente il gioco, 8 alla seconda e così via a scalare fino a dare 2 punti ai bambini che hanno completato correttamente nel tempo dato e 1 punto a chi comunque è riuscito a completare correttamente anche se fuori tempo.

4 Dov'è Bianca?

4.1 Faccia osservare lo schema sottostante (qui con le risposte) e inviti i bambini a disporsi a squadre di quattro e a rispondere alle domande. Alla fine scopriranno dov'è Bianca (nelle caselle più scure).

						P	I	S	C	I	N	A	
	M	E	R	C		**A**	T	O					
			R	I		**S**	T	O	R	A	N	T	E
		C	A	R		**T**	O	L	E	R	I	A	
				C		**I**	N	E	M	A			
F	A	R	M	A		**C**	I	A					
		B	A	N		**C**	A						
				G		**E**	L	A	T	E	R	I	A
	S	U	P	E		**R**	M	E	R	C	A	T	O
				P		**I**	Z	Z	E	R	I	A	
				B		**A**	R						

1. Sono andato in _____ a nuotare.
2. La mamma di Togo ha comprato due chili di mele al _____ .
3. Ieri sera abbiamo mangiato il pesce al _____ .
4. Bianca ha comprato un quaderno in _____ .
5. In nonni di Pietro hanno visto un film al _____ .
6. Ho preso le medicine in _____ .

7. Il papà di Bianca ha preso i soldi in _____ .
8. Pietro è andato a prendere un gelato in _____ .
9. La mamma di Bianca ha comprato il pane, una gonna, la frutta e la verdura al _____ .
10. Voi avete mangiato una pizza in _____ .
11. I nonni di Bianca hanno bevuto un caffè al _____ .

Bianca è in _____ .

4.2 Assegni 10 punti alla squadra che termina per prima, 8 alla seconda e così a scalare fino a dare 2 punti a ogni squadra che comunque completa il cruciverba e la frase finale.

5 La rana e il fiume

Gioco della rana e del fiume per fare un riepilogo delle strutture.

Suddivida la classe in squadre di quattro.
Dapprima esegua il gioco indicato sul libro di testo. I bambini devono riordinare correttamente la frase, in modo da poter attraversare il fiume e raggiungere il regalo che c'è sull'altra sponda.

Successivamente inviti i bambini ad andare alle pagine IX e X degli allegati, dove incontreranno una serie di sassi da ritagliare e da incollare nell'ordine corretto.

Faccia incollare tutti i sassi (frasi) su dei fogli quindi si faccia consegnare i lavori, attribuendo come al solito un punto a ogni risposta esatta. Faccia una croce di fianco alle frasi errate, poi scriva alla lavagna tutte le risposte corrette, in modo che i bambini verifichino dove hanno sbagliato.
Nel caso avesse poco tempo a disposizione può semplicemente fare scrivere le frasi su un foglio, senza far tagliare e incollare le pietre. Quindi si faccia consegnare quanto scritto e riscriva le forme corrette alla lavagna.

La seconda fase dell'attività può essere svolta individualmente dai bambini e consiste nel far collegare le frasi (due a due) che possono stare insieme. Dia l'esempio con la prima *"Buon giorno signora, mi dica"*, *"Mi dà per favore un chilo di mele?"* I bambini devono tagliare le frasi e reincollarle su un altro foglio nell'ordine corretto (in caso di mancanza di tempo si ricorda quanto detto nel paragrafo precedente).
Per questa attività conceda 15 minuti di tempo e alla fine del lavoro si faccia consegnare i nuovi fogli, assegni un punto a ogni domanda e risposta esatte. Il primo che consegna il lavoro tutto corretto prima dello scadere dei 15 minuti avrà diritto a un bonus di 8 punti, il secondo 6, il terzo 4 e il quarto 2. Nel caso di errori riscontrati nei lavori consegnati prima dello scadere del tempo, non si ha diritto a nessun bonus.

Riportiamo qui le frasi mescolate e quelle corrette, nell'ordine finale. Nell'allegato del libro dello studente le frasi hanno chiaramente un ordine sparso.

signora, buongiorno, mi, dica	Buongiorno signora, mi dica.
Un, mele, mi, dà, favore, chilo, di, per	Mi dà per favore un chilo di mele?
tuo, è, sport, qual, ?, preferito, il	Qual è il tuo sport preferito?
preferito, il, sport, pallavolo, mio, è, la	Il mio sport preferito è la pallavolo.
fare, che, sanno, cosa?	Che cosa sanno fare?
a, pallavolo, giocare, sanno	Sanno giocare a pallavolo.
dov', la, è, banca, ?	Dov'è la banca?
al, fianco, bar, di	Di fianco al bar.
la, dov', farmacia, ?, è	Dov'è la farmacia?
alla, di, pasticceria, fronte	Di fronte alla pasticceria.
andati, i, dove, nostri, sono, amici?	Dove sono andati i nostri amici?
in, sono, a, nuotare, andati, piscina.	Sono andati in piscina a nuotare.
sono, ?, pronto, parlare, Bianca, con, posso, Togo	Pronto, sono Togo. Posso parlare con Bianca?
parlare, non, con, puoi, no, Bianca	No, non puoi parlare con Bianca.
che, fare, cosa, vogliono, i ?, nonni	Che cosa vogliono fare i nonni?
con, al, voi, vogliono, venire, mercato	Vogliono venire con voi al mercato.
andare, ?, volete, dove	Dove volete andare?
in, andare, pizzeria, vogliamo	Vogliamo andare in pizzeria.
noi, volete, ?, al, venire, ristorante, con	Volete venire al ristorante con noi?
grazie, no, in, restare, vogliamo, casa	No, grazie, vogliamo restare in casa.
un, 2, costa, ?, quanto, chilo, mele, di	Quanto costa un chilo di mele?
euro, 2 costa	Costa 2 euro.
è, ?, quant	Quant'è?
sono, 5, in, euro, tutto	In tutto sono 5 euro.
fatto, che, ?, scorsa, cosa, hai, domenica	Che cosa hai fatto domenica scorsa?
tutto, ho, il, dormito, giorno	Ho dormito tutto il giorno.

PERCORSO 3

	FUNZIONI	MORFOSINTASSI	LESSICO
Descrivere le modalità del proprio arrivo in un paese.	Quando sei arrivato a Blunasia? Quando sei partito? Con chi sei arrivato? Come \ con che cosa sei venuto? E relative risposte.	Proposizioni interrogative con *quando, con chi, come\con che cosa?* Proposizioni dichiarative. **Passato prossimo con ausiliare *avere* e *essere*.**	**La famiglia, gli amici** figlia figlio moglie **Il cibo** aranciata caramella spaghetti vino
Chiedere e dire la durata di un'azione.	Quanto dura \ Quanto tempo è durato il viaggio? Otto ore.	Proposizioni interrogative con *quanto* e *quanto tempo?* Proposizioni dichiarative. **Passato prossimo** con ausiliare *essere*.	cibo bevande frittelle **La casa** tavolino **Stati fisici e salute** avere il mal di denti
Chiedere e dare informazioni riguardo alla condizione fisica e allo stato d'animo.	Come stai? Che cos'hai? Ho mal di testa, mal di pancia, ecc. Ho la febbre, il raffreddore.	Proposizioni interrogative con *come, che cosa?* Proposizioni dichiarative. Verbi irregolari *avere* e *stare*.	avere il mal di gola avere il mal di pancia avere il mal di testa avere il raffreddore avere la febbre **Il corpo** collo*
Descrivere un'azione al passato.	Togo racconta cosa è successo a Blunasia.	Proposizioni dichiarative al **passato prossimo**.	cuore* dente* dito*
Esprimere la quantità.	Un bicchiere di..., una bottiglia di...	Lessico relativo ai contenitori. La preposizione *di*.	ginocchio* gola* gomito* lingua*
Chiedere ed esprimere gusti e preferenze.	Che cosa ti piace? Mi piace... Mi piacciono ...	Proposizione interrogativa con *che cosa?* Proposizione dichiarativa	pancia* schiena* spalla*

FUNZIONI		MORFOSINTASSI	LESSICO
		con **il verbo irregolare** *piacere* **alla terza persona** singolare **e plurale**.	viso*
			Luoghi e ambiente
			stelle
			fiori
Chiedere e dire il prezzo di qualcosa.	Quanto pago? 3 euro.	Proposizione interrogativa con *quanto*? Proposizione dichiarativa.	**Professioni e lavori**
			dottore
			Sport, tempo libero, vacanze
			viaggio
			Oggetti e nomi vari
			fortuna
			luce
			notizia
			sogno
			festa
			sapore
			Contenitori
			un bicchiere di …*
			un pacchetto di …*
			un vasetto di …*
			una bottiglia di …*
			una lattina di …*
			una tazza di …*
			una tazzina di …*
			Saluti e altre frasi fatte
			che buona
			dài, andiamo
			grazie mille
			Aggettivi qualificativi
			ammalato
			contento
			rotto
			secco
			terribile
			I verbi
			diventare
			durare
			lasciare

FUNZIONI	MORFOSINTASSI	LESSICO
		pagare
		partire
		seccare
		succedere
		Avverbi (e locuzioni avverbiali) di tempo
		adesso
		alla sera
		alle cinque
		improvvisamente
		in primavera
		tanti anni fa
		tre ore
		venti anni fa
		Preposizioni
		all'
		alle
		del
		nella
		sul
		Interrogativi
		come?
		con chi?
		quando?
		quanto tempo?

Nota per il lessico:
i termini seguiti da asterisco (es. *collo**) hanno le corrispondenti figurine illustrate.
** Nota: gli elementi evidenziati in neretto nella colonna della morfosintassi vengono presi in esame nella sezione denominata *La mia grammatica*.

1 Ascoltiamo

STORIA: i bambini arrivano a Blunasia con l'astronave e quando guardano fuori dal finestrino si accorgono che c'è qualcosa di diverso: il paesaggio non è più lo stesso, vi sono molte piante bruciate in mezzo a distese quasi desertiche.

Dialogo introduttivo:

Bianca:	Siamo qui finalmente. Quella è la casa di Togo.
Pietro:	Dài, andiamo.
Togo:	Ciao Bianca, ciao Pietro, Che bello! Quando siete arrivati?
Pietro:	Adesso.
Togo:	Quando siete partiti?
Bianca:	Questa mattina alle cinque.
Togo:	Come siete venuti?
Bianca:	Con l'astronave!
Togo:	Quanto tempo è durato il viaggio?
Pietro:	Tre ore.

1.1 Prima di far ascoltare il dialogo, inviti i bambini a osservare l'immagine dell'arrivo di Pietro e Bianca con l'astronave e ponga alcune domande del tipo: *"Che cosa vedete?"*, *"Come sono le piante?"*, *"Secondo voi è successo qualcosa?"*, *"Secondo voi c'è caldo o freddo?"*.

1.2 Faccia quindi ascoltare una prima volta il dialogo facendo seguire sempre le immagini.

1.3 Dopo il primo ascolto inviti i bambini a numerare le immagini che si trovano in ordine sparso sulle pagine.

1.4 Successivamente li inviti a disporsi a coppie, a riascoltare il dialogo e a confrontare l'ordine delle vignette. Proceda eventualmente a un ulteriore ascolto per verificare se l'ordine scelto corrisponde al testo audio.

1.5 A questo punto inviti i bambini ad andare alla pagina XI degli allegati e a completare le parti mancanti del dialogo. Se necessario, lo faccia riascoltare.

1.6 Faccia ritagliare le nuvolette e le faccia incollare sulle parti corrispondenti nel libro dello studente.

1.7 Infine inviti i bambini a disporsi a gruppi di tre e a drammatizzare il dialogo.

 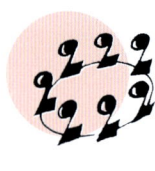

2 Ascoltiamo e cantiamo una canzone

STORIA: mentre Pietro e Bianca salutano Togo e Cecilia, qualcuno bussa alla porta. È un uomo che vuole vedere i bambini della terra, perché anche lui viene da là.

Testo del dialogo:

Uomo:	Buongiorno, sono Antonio e vengo anch'io dalla Terra.
Togo:	Quando sei arrivato?
Pietro:	Quando sei partito?
Bianca:	Come sei venuto?
Cecilia:	Quanto tempo è durato il viaggio?
Togo:	Con chi sei venuto?

2.1 Prima di procedere all'ascolto del dialogo e della canzone, faccia osservare le immagini sul libro dello studente e inviti i bambini a formulare ipotesi sull'identità del nuovo personaggio.

I puntini con il punto di domanda in corrispondenza dei personaggi possono essere un valido strumento per ripetere funzioni e strutture già incontrate nei primi due percorsi di **Girotondo 2** e nei precedenti volumi di **Girotondo** ("chiedere e dire il nome, l'età, l'indirizzo, descrivere le caratteristiche fisiche, ecc.").

2.2 Chieda dunque ai bambini che cosa possono domandare i nostri personaggi e scriva eventualmente le domande alla lavagna in modo da rivedere anche scritte le strutture conosciute.

2.3 Faccia quindi ascoltare il dialogo e veda se qualcuno ha indovinato le domande (anche se tutte le domande poste in precedenza dai bambini possono essere considerate valide qualora siano attinenti alla situazione).

2.4 Faccia riascoltare il dialogo e inviti i bambini a scrivere il testo nelle righe vuote (proceda, se necessario, a diversi ascolti).

2.5 Come verifica faccia leggere quanto scritto, quindi passi all'ascolto della canzone successiva.

Testo della canzone: Sono arrivato tanti anni fa.
Vivo a Blunasia in via del Mercato.
Con l'astronave sono arrivato.
Sono partito venti anni fa.

Sono partito in primavera,
con il bel tempo e gli alberi in fiore.
Con l'astronave ho viaggiato otto ore.
Sono arrivato a Blunasia alla sera.

Ritornello:
Nella mia terra ho lasciato gli amici,
tutti i miei sogni e i giorni felici.
Ma anche a Blunasia ora sto bene.
La mia famiglia è qui tutta insieme.

Durante il viaggio ho visto la luna,
ho visto il sole e ho visto le stelle.
E così ho detto "come son belle",
la loro luce mi porta fortuna.

Sono arrivato a Blunasia da solo,
poi ho chiamato tutta la famiglia.
C'è qui mia moglie, mio figlio e mia figlia,
che come me son venuti qui in volo.

Ritornello :
Nella mia terra ho lasciato gli amici,
tutti i miei sogni e i giorni felici.
Ma anche a Blunasia ora sto bene.
La mia famiglia è qui tutta insieme.

2.6 Prima di far ascoltare la canzone inviti i bambini a osservare e commentare le immagini che rappresentano le strofe ponendo delle domande del tipo: *"Chi è il personaggio?", "Da dove viene?", "Dove va?", "Che cosa racconta, secondo voi?"*.

2.7 Proceda con il primo ascolto della canzone e inviti i bambini a numerare le immagini nell'ordine in cui vengono cantate (l'immagine che corrisponde al ritornello ha due caselle).

2.8 Faccia riascoltare la canzone per verificare se la numerazione corrisponde all'ordine del testo.

2.9 Come verifica inviti dapprima i bambini a scambiarsi i libri e quindi faccia ascoltare una terza volta fermando il registratore a ogni strofa.

2.10 Inviti ora i bambini a scegliere la risposta corretta nell'attività a scelta multipla che segue:

1) **Quando è partito Antonio?**
   - Dieci anni fa.
   - **Venti anni fa.**
   - Trenta anni fa.

2) **Con che cosa è partito?**
   - Con un aereo.
   - Con una nave.
   - **Con un'astronave.**

3) **Quanto tempo è durato il viaggio?**
   - Sette ore.
   - Due ore.
   - **Otto ore.**

4) **Con chi è arrivato?**
   - Con la sua famiglia.
   - Con sua figlia.
   - **Da solo.**

5) **Quando è arrivato?**
   - **Alla sera.**
   - Alla mattina.
   - Al pomeriggio.

2.11 Successivamente verifichi le risposte facendo cantare la strofa corrispondente alla frase corretta.

3 Completiamo

3.1 Inviti i bambini a disporsi a coppie e distribuisca la seguente fotocopia del testo della canzone.

3.2 Inviti i bambini a completare il testo con le parti mancanti (eventualmente faccia riascoltare la canzone)

Sono arrivato _____.
_____ a Blunasia in via del Mercato.
Con l'astronave _____.
Sono partito _____ fa.

_____ in primavera,
con il bel tempo e gli alberi in fiore.

Con l'astronave ho viaggiato _____.
Sono arrivato a Blunasia _____.

Nella mia terra ho lasciato gli amici,
tutti i miei sogni e i giorni felici.
Ma anche a Blunasia ora sto bene.
La mia famiglia è qui tutta insieme.

Durante il viaggio _____,
ho visto il sole e ho visto le stelle.
E così _____: "Come son belle,
la loro luce mi porta fortuna".

Sono arrivato a Blunasia _____,
poi ho chiamato tutta la famiglia.
_____ qui mia moglie, mio figlio e mia figlia,
che come me _____ qui in volo.

Nella mia terra ho lasciato gli amici,
tutti i miei sogni e i giorni felici.
Ma anche a Blunasia ora sto bene.
La mia famiglia è qui tutta insieme.

4 Colleghiamo

4.1 Inviti i bambini a osservare le domande scritte sul libro dello studente e i disegni corrispondenti.

4.2 Li disponga a coppie e chieda loro di trovare il collegamento tra la domanda e il disegno.

4.3 Infine li inviti a scrivere le risposte relative al disegno nella didascalia corrispondente.

Possibili risposte: Sono andato in Italia.
Sono arrivato in aereo.
Sono arrivato con i miei genitori.
Sono arrivato in maggio, _____ anni fa.
È durato 4 ore.

4.4 Come verifica inviti qualcuno alla lavagna a scrivere le risposte e si faccia dire eventuali risposte simili ma corrette.

5 Completiamo

5.1 Inviti i bambini a osservare le vignette riprodotte sul libro dello studente e chieda di osservare l'esempio.

5.2 Successivamente disponga i bambini a coppie e faccia leggere l'esempio della prima vignetta. Chieda anche: *"Come sono arrivati Pietro e Bianca?"*, *"Quanto tempo è durato il viaggio?"*, ecc. .

5.3 Inviti i bambini a porsi reciprocamente le domande dapprima oralmente e quindi scrivendo nella didascalia di ogni vignetta la durata del viaggio.

6 Facciamo un'intervista

NOTA IMPORTANTE: potrebbe essere il momento, sempre che Lei lo ritenga opportuno, di introdurre gradualmente il discorso del viaggio, sia per i bambini che abitano all'estero, sia per i bambini immigrati in Italia.
Nel primo caso i bambini possono raccontare un viaggio fatto anche all'interno del loro paese. Un'altra possibilità per i bambini residenti all'estero è quella di interpretare il ruolo di un bambino immigrato nel loro paese, per cui prima di eseguire questa attività si faccia dire dai bambini chi sono, da dove vengono, ponendo tutta una serie di domande finalizzate anche al ripasso delle strutture già apprese.
È questo un modo per rivedere funzioni e strutture già incontrate assegnando ai bambini un compito che li faccia divertire e non dia loro l'idea del ripasso forzato.

Nel caso di bambini stranieri in Italia potrebbe essere uno spunto per introdurre la narrazione autobiografica, aiutando i bambini immigrati a parlare di sé, rispettando comunque sempre i loro tempi e cercando di sensibilizzare gli altri bambini alla curiosità verso nuove culture.

6.1 Inviti i bambini a disporsi a gruppi di tre o di quattro e a osservare la tabella che dovranno completare dopo aver intervistato i compagni con le domande adeguate.

6.2 I bambini dovranno dapprima scoprire le domande da fare (se necessario li inviti a riprendere il dialogo introduttivo dell'attività 2 dove compaiono appunto le domande da utilizzare), quindi dovranno porsi le domande tra di loro al fine di completare la tabella.

Esempio di domande: E tu, dove sei andato?
Quando sei partito?
Quando sei arrivato?
Come sei arrivato?
Con chi sei arrivato?
Quanto tempo è durato il viaggio?

6.3 Mentre i bambini lavorano a gruppi passi a monitorare e si annoti, senza interrompere la loro produzione orale, eventuali difficoltà.

6.4 Quando i bambini avranno completato la tabella verifichi le risposte ponendo Lei stessa le domande adeguate.

7 Ascoltiamo e scriviamo

STORIA: a Blunasia c'è stata una grande siccità e anche le comunicazioni sono state interrotte. Togo spiega agli amici che c'è bisogno di acqua e di provviste dalla terra.

Testo che non compare sul libro dello studente:

Togo:	Cari amici, quando siete partiti da Blunasia è successa una cosa terribile. La terra, gli alberi, i fiori sono seccati perché improvvisamente è diventato molto caldo. Abbiamo avuto molta sete, ma abbiamo bevuto l'acqua dei fiumi. Ora anche i fiumi sono secchi: abbiamo domandato aiuto a voi.

7.1 Inviti i bambini ad osservare le immagini sul libro dello studente che rappresentano ciò che Togo racconta a Bianca e Pietro. Faccia fare loro previsioni rispetto al racconto. Si annoti le loro ipotesi che verificherà successivamente.

7.2 Ora proceda a un primo ascolto mentre i bambini cercano di individuare le immagini corrispondenti a ciò che sentono.

7.3 Al secondo ascolto inviti i bambini a numerare le immagini in base all'ordine di ascolto.

7.4 Successivamente li inviti a completare le frasi riportate in ordine sparso alla pagina XII degli allegati. Quindi le faccia ritagliare e incollare in corrispondenza delle relative immagini. Poi passi a un ulteriore ascolto per verificare l'ordine corretto.

7.5 A questo punto in coppia i bambini leggeranno la ricostruzione della storia.

8 Ascoltiamo e scriviamo
Che cosa non va bene?

Testo audio

1. mangiato, arrivato, **oggi**, cantato
2. partito, **io**, dormito, finito
3. venuto, venduto, avuto, **ho**
4. volato, andato, **molta**, sognato
5. tornato, **sete**, camminato, cambiato

8.1 Faccia osservare le immagini del testo e la parola *"oggi"* scritta come esempio.

8.2 Faccia poi ascoltare il CD invitando i bambini a individuare la parola che non va bene.

8.3 Eseguito il primo ascolto, può far scrivere la parola estranea sul libro e infine faccia leggere la frase di risposta alla domanda *"Che cosa ha detto Togo?"*.

9 Giochiamo
Che cosa non va bene?

9.1 Inviti i bambini a disporsi a coppie e trovare le corrispondenze tra i verbi all'infinito e i participi passati disposti rispettivamente nei due secchi.

9.2 Una volta trovate le corrispondenze chieda ai bambini che cosa non va bene e quindi faccia leggere ad alta voce (non c'è corrispondenza tra *"ritornare"* e *"arrivato"*).

10 Leggiamo e scriviamo

10.1 Faccia osservare le immagini sul libro e si faccia dire oralmente che cosa vi è rappresentato.

10.2 Successivamente faccia completare le frasi invitando i bambini a scegliere uno dei verbi del riquadro.

10.3 Come verifica faccia leggere ad alta voce quanto è stato scritto.

CHIAVI:
1. Togo ha mangiato la pasta.
2. Pietro è andato a scuola.
3. Hai pulito la tua camera?
4. Io ho dormito tutto il giorno.
5. Tu sei arrivato tardi.
6. Io sono partito alle 8.

11 il mangiadrillo ha fame

11.1 Faccia leggere brevemente il dialogo introduttivo, che già i bambini hanno incontrato in altre parti precedenti di **Girotondo**, poi passi subito all'analisi delle "piante".

11.2 A questo punto del percorso, dato che già in diverse occasioni si è preso in esame il passato prossimo, dovrebbe essere immediato il completamento degli schemi presenti sulle piante. Inviti dunque i bambini a osservare le piante e a completare le parti mancanti.

11.3 Faccia prima confrontare a coppie quanto scritto, poi faccia leggere a voce alta per verificarne l'esattezza.

11.4 Successivamente inviti i bambini a completare a coppie le frasi della pagina seguente, poi passa a una verifica collettiva facendo leggere appunto le frasi.

12 La mia grammatica

A questo punto i bambini sono in grado di sistematizzare gli aspetti del passato prossimo presi in esame: inviti i bambini ad andare alle pagine **8**, **9** e **10** de *La mia Grammatica* e a completare oralmente gli schemi. Si faccia ripetere quanto andrebbe scritto e scriva Lei le frasi corrette alla lavagna, in modo che non vi siano errori ne *La mia Grammatica* di ogni bambino.

13 Ascoltiamo una filastrocca

Dialogo introduttivo

Bianca:	Ma qui c'è molto caldo! Voi come state?
Cecilia:	Abbiamo sempre sete. Stiamo male, siamo ammalati.

Testo che non compare sul libro dello studente:

Cecilia:	Io mi sento molto male. Dài, telefona al dottore. Ho un grande raffreddore. Voglio andare all'ospedale. Ho la febbre e il mal di testa e ho anche il mal di gola. Io mi sento un poco sola mentre tutti sono in festa.
Bianca:	Che cos'hai? Tu come stai?
Togo:	Guarda: anch'io ho il raffreddore e non sento più il sapore dei biscotti che mi dai. Quando mangio ho il mal di denti e il mal di pancia poi mi assale. Non vogliamo sentir male. Noi vogliamo esser contenti.

13.1 Faccia dapprima osservare le figure relative al dialogo introduttivo e ponga delle domande per rivedere la funzione del "chiedere e dare informazioni riguardo alla condizione fisica e allo stato d'animo" già vista in **Girotondo 1** e quindi ripresa e ampliata nel testo attuale. Chieda ad esempio ai bambini: *"Come sta Togo?"*, *"Come sta Cecilia?"*, *"Perché?"*, *"Cosa fate voi quando state male?"*, *"Da chi andate?"*.

13.2 Passi all'ascolto del dialogo e successivamente chieda *"Che tempo c'è a Blunasia?"*, *"Come stanno dunque Togo e Cecilia?"*, *"E tu come stai?"* rivolgendo la domanda a un bambino e poi a un altro.

13.3 Prima di passare all'ascolto della filastrocca provi a fare un diagramma a ragnatela alla lavagna per rivedere le parti del corpo che i bambini già conoscono. Ad esempio scrivendo al centro la parola *"testa"* i bambini arriveranno a ricordare il lessico relativo.

13.4 Inviti i bambini ad ascoltare la filastrocca una prima volta mentre Lei mima i vari *"dolori"* indicati dal testo della filastrocca.

13.5 Proceda a un secondo ascolto invitando i bambini a osservare le immagini sul testo e a mimare con Lei.

13.6 Successivamente chieda ai bambini di porre il numero progressivo di ascolto nella casella vuota accanto all'immagine corrispondente.

13.6 Disponga i bambini a coppie e faccia confrontare la numerazione posta di fianco alle immagini, quindi inviti i bambini a riascoltare la filastrocca, mimandola e recitandola.

13.7 Da ultimo può eventualmente distribuire il testo della filastrocca facendola recitare ai bambini.

14 Giochiamo

14.1 Inviti i bambini a osservare le figurine illustrate relative alle seguenti parti del corpo che Lei mostrerà ad una ad una: *"collo, dente, dito, pancia, ginocchio, spalla, schiena, cuore, gola, gomito, lingua, viso"*.

14.2 Chieda loro di osservarle e di cercare di memorizzarne il nome. Ripeta questa operazione più di una volta.

14.3 Quindi appoggi le figurine illustrate su un banco. Chiami due bambini a giocare. I bambini devono indovinare ricordando il nome della parte del corpo rappresentata dalla figurina illustrata.
Quando Lei gira la prima figurina illustrata i bambini devono prenotare la loro risposta battendo la mano sul banco; il primo che si prenota può rispondere e ottiene un punto. Nel caso la risposta non fosse corretta si dà la possibilità di risposta al compagno. Vince chi indovina il maggior numero di parole.

15 Colleghiamo

15.1 Faccia osservare le immagini e inviti i bambini a collegare i disegni con le frasi relative poste in ordine sparso intorno alle figure.

Ho il mal di pancia.   Ho il raffreddore.
Ho il mal di testa.   Ho la febbre.
Ho il mal di denti.   Ho il mal di gola.

15.2 Come verifica faccia leggere le frasi in ordine di numerazione.

16 Completiamo

16.1 Inviti gli alunni a osservare le immagini di bambini e adulti che non si sentono bene.

16.2 Disponga i bambini a coppie e li inviti a completare i fumetti con le espressioni adeguate.

16.3 Indichiamo qui le possibili risposte:

1. Ciao Togo, che cos'hai? Ho il mal di denti.
2. Ciao Bianca, come stai? Sto male, ho la febbre.
3. Ciao Cecilia, che cos'hai? Ho il mal di testa.
4. Ciao Pietro, come stai? Male, ho il raffreddore.
5. Ciao Antonio, che cos'hai? Ho il mal di pancia.

16.3 Una volta completati i fumetti faccia drammatizzare i brevi dialoghi a più coppie possibilmente coinvolgendo il maggior numero di alunni.

17 Il dizionario illustrato

17.1 Prima di completare e ritagliare le figurine illustrate relative alle diverse parti del corpo, faccia giocare i bambini al classico gioco dell'impiccato già visto in precedenza.

17.2 Quindi inviti i bambini a ritagliare e incollare le figurine illustrate alla pagina XIII degli allegati.

18 Ascoltiamo

STORIA: dato che Togo e gli altri abitanti di Blunasia hanno bisogno di aiuto, perché colpiti da una forte siccità, Bianca e Pietro hanno portato molte provviste dalla terra e quindi vanno sull'astronave a prenderle per darle a Togo e Cecilia e a tutti quelli che ne hanno bisogno.

Dialogo introduttivo:

Togo:	Siamo senza cibo e senza bevande. Abbiamo bisogno di aiuto.
Antonio:	La mia famiglia sta male.
Pietro:	Ma noi abbiamo portato qualcosa per voi.
Bianca:	Ci sono tante cose da mangiare e da bere per tutti voi!

Togo:	Come lo avete saputo?
Pietro:	Abbiamo sentito la notizia alla radio e abbiamo portato le cose da mangiare e da bere.
Togo:	Grazie mille.

18.1 Faccia osservare le immagini che rappresentano il dialogo e faccia prevedere cosa potrebbero dire i personaggi.

18.2 Passi poi all'ascolto del dialogo senza far leggere il testo dell'attività sottostante, ma facendo solo seguire le immagini.

18.3 Faccia quindi leggere le frasi dell'attività di vero\falso e inviti i bambini a dare una prima risposta.

18.4 Faccia ascoltare di nuovo il dialogo per permettere ai bambini di completare l'attività.

18.5 Come verifica faccia leggere ad alta voce le domande e si faccia dire le risposte.

19 Cantiamo una canzone

Testo della canzone:

Cecilia:	Guarda dentro all'armadio. Guarda un po' che cosa c'è.
Togo:	Un pacchetto di biscotti, un pacchetto di caramelle. Che peccato sono rotti, sembrano delle frittelle.
Cecilia:	Guarda qui sul tavolino. Guarda un po' che cosa c'è.
Togo:	Una tazza di cioccolata, una tazzina di caffè, un bicchiere di aranciata e una tazza di tè.
Cecilia:	Guarda sotto il seggiolino. Guarda un po' che cosa c'è.
Togo:	Un vasetto di marmellata, Una bottiglia di vino, una lattina di aranciata e i resti di un panino.

19.1 Faccia osservare le immagini della canzone e si faccia dire dai bambini il nome degli oggetti rappresentati (molte cose sono già conosciute. L'obiettivo lessicale sono qui i contenitori).

19.2 Passi dunque all'ascolto della canzone e inviti i bambini a indicare i contenitori nel momento in cui vengono citati.

19.3 Successivamente, come indicato dall'esempio, faccia collocare i contenitori laddove viene indicato dal testo della canzone.

19.4 Inviti poi i bambini a cantare il testo stesso (distribuendo eventualmente la fotocopia). Il canto può servire da ulteriore verifica dell'attività di collegamento. A tal fine inviti i bambini a confrontare a coppie il lavoro svolto e infine esegua una verifica comune con la classe.

20 Giochiamo

20.1 Faccia dapprima osservare i contenitori e chieda ai bambini se ne ricordano i nomi.

20.2 Quindi faccia lavorare i bambini a coppie e faccia loro dapprima individuare e poi scrivere la didascalia corretta in corrispondenza del relativo disegno.

20.3 Sempre a coppie faccia completare le righe all'interno di ogni contenitore, con le parole che i bambini hanno già conosciuto nei percorsi precedenti: vince il gioco chi scrive il maggior numero di vocaboli all'interno dei contenitori.

20.4 Come verifica per la vittoria del gioco, faccia leggere quanto scritto.

21 Facciamo la spesa

21.1 Al fine di fissare il lessico relativo ai contenitori e al cibo, Lei può qui riprendere le forme viste nel secondo percorso relative a "ricevere e dare informazioni sui prezzi" e "richiedere e offrire qualcosa", elicitando dagli alunni le strutture relative e, se lo ritiene necessario, scrivendole alla lavagna.

21.2 Divida la classe a gruppi di tre assegnando ai bambini il ruolo del venditore e dei clienti (ruoli che poi andranno invertiti). Inviti i bambini ad allestire un minimo di scenografia, magari utilizzando dei contenitori, che si saranno precedentemente portati da casa, oppure costruendoli con cartoncini; e faccia loro scrivere su dei foglietti la lista della spesa e i prezzi relativi ai vari prodotti in vendita.

21.3 Passi a monitorare l'attività durante lo svolgimento della stessa.
Infine dia a ciascun gruppo la possibilità di rappresentare davanti al resto della classe la simulazione.

22 il dizionario illustrato

Prima di far scrivere le parole sulle didascalie dei contenitori alla pagina XIV degli allegati, più effettuare un semplice gioco con le figurine illustrate in modo da rendere più divertente questa attività.

Il gioco:
Attacchi alla lavagna le figurine illustrate relative ai contenitori, poi ne tolga una e chieda ai bambini che cosa manca. Vince un punto chi indovina.
Una volta indovinata la parola, tutti i bambini la possono scrivere sulle didascalie delle loro figurine, che al termine del gioco andranno ritagliate e incollate sul dizionario illustrato.

23 Ascoltiamo

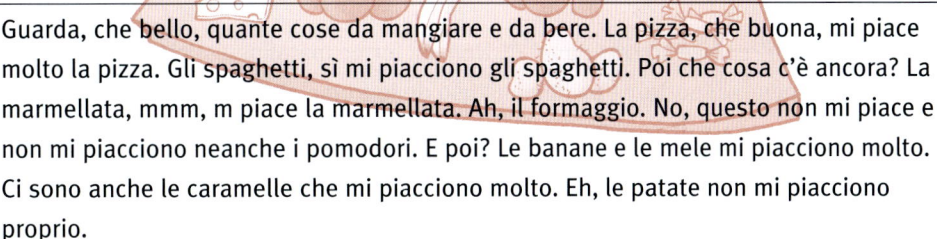

Testo del monologo:

Togo:	Guarda, che bello, quante cose da mangiare e da bere. La pizza, che buona, mi piace molto la pizza. Gli spaghetti, sì mi piacciono gli spaghetti. Poi che cosa c'è ancora? La marmellata, mmm, m piace la marmellata. Ah, il formaggio. No, questo non mi piace e non mi piacciono neanche i pomodori. E poi? Le banane e le mele mi piacciono molto. Ci sono anche le caramelle che mi piacciono molto. Eh, le patate non mi piacciono proprio.

23.1 Faccia osservare l'immagine del libro dello studente in cui compare il tavolo con sopra gli alimenti. Inviti i bambini a ricordare il nome degli alimenti che vedono.

23.2 Passi poi all'ascolto del monologo per verificare i nomi detti dai bambini.

23.3 A un successivo ascolto ponga l'attenzione sulla tabella del testo e inviti i bambini a indicare con un *"sì"* o con un *"no"*, che cosa piace o non piace a Togo (se necessario proceda a più ascolti).

23.4 Come verifica chieda *"A Togo piace la pizza?"* e *"A Togo piacciono gli spaghetti?"* e così via per gli altri alimenti della tabella, cercando di sottolineare il più possibile la differenza tra singolare e plurale.

24 Che cosa dice Togo?

24.1 Prima di riascoltare il monologo dell'attività precedente, inviti i bambini a completare oralmente la tabella di questa attività.

24.2 Successivamente faccia riascoltare il monologo e faccia completare la tabella (proceda a più ascolti se necessari).

24.3 Infine verifichi le risposte date chiedendo ai bambini *"Che cosa piace \ non piace a Togo?"*. Dato che i bambini non sanno ancora utilizzare il pronome *"gli"* li inviti a usare la forma: *"A Togo piace..."*, *"A Togo piacciono..."*, *"A Togo non piace..."*, *"A Togo non piacciono..."*.

25 E a te che cosa piace?

25.1 Faccia osservare le ceste e chieda prima oralmente ai bambini che cosa loro piace o non piace.

25.2 Successivamente faccia completare individualmente le ceste (lasciando usare anche il dizionario illustrato per il lessico relativo al cibo), quindi faccia leggere a voce alta cosa è stato scritto.

25.3 A questo punto provi a far ragionare i bambini sul perché dell'uso delle forme singolari e plurali, ponendo domande del tipo *"Perché dico 'mi piace la mela' e dico invece 'mi piacciono le mele'?"*, *"Dove scrivo 'spaghetti' e dove scrivo 'pane'?"*. Non usi forme metalinguistiche (cioè non dia "la regola") ma cerchi con esempi concreti di portare i bambini all'uso delle forme singolari e plurali. Solo alla fine, e se lo ritiene opportuno, può parlare di singolare e plurale.

26 Ascoltiamo una filastrocca

Testo della filastrocca: Mi piace il cioccolato.
Quanto costa? Quanto costa?
3 euro.
Mi piacciono i biscotti.
Quanto costano? Quanto costano?
5 euro.
Mi piace la pizza.
Quanto costa? Quanto costa?
6 euro.

Mi piacciono le banane.
Quanto costano? Quanto costano?
4 euro.
Ho finito, ora vado.
Quanto pago? Quanto pago?
18 euro.

26.1 Faccia ascoltare una prima volta il testo a libro chiuso e chieda ai bambini (prima di procedere all'ascolto) di individuare che cosa piace a Togo.

26.2 Facci ascoltare una seconda volta il testo e chieda quanto costa ogni alimento e quanto paga in tutto Togo.

26.3 Ora può far aprire il libro e procedere a un terzo ascolto di verifica.

26.4 A questo punto i bambini possono ripetere la filastrocca seguendo il testo sul libro.

27 Scriviamo una filastrocca

27.1 Faccia ora lavorare i bambini individualmente e faccia loro scrivere una filastrocca sul modello di quella precedente. I bambini, oltre a scrivere il testo, devono anche disegnare gli alimenti che a loro piacciono.

27.2 Una volta scritta la filastrocca inviti i bambini a lavorare in coppia e a drammatizzarla con un compagno (che risponde indicando il prezzo degli alimenti).

27.3 Infine, se lo ritiene opportuno, può invitare qualche coppia a rappresentare la filastrocca davanti alla classe.

28 La mia grammatica

A questo punto può andare alla pagina 11 de *La mia Grammatica* e far completare le parti relative al verbo *"piacere"*.

il campionato dei ricordi

1 Scriviamo la domanda

1.1 Divida la classe in squadre di quattro bambini ciascuna e faccia poi completare le vignette sul libro dello studente.

Le domande che si possono scrivere sono diverse. Ad esempio:

Togo:	Quando sei partito \ arrivato \ venuto?
Antonio:	Venti anni fa.

Togo:	Come sei venuto \ arrivato?
Antonio:	In astronave.

Togo:	Quanto tempo è durato il viaggio?
Antonio:	Otto ore.

Togo:	Con chi sei venuto \ arrivato \ partito?
Antonio:	Con la mia famiglia.

Togo:	Quando sei arrivato \ venuto \ partito?
Antonio:	Alla sera.

1.2 Assegni 10 punti alla squadra che termina per prima correttamente tutte le vignette e tolga a scalare due punti alle squadre successive, lasciando due punti alle ultime.

1.3 Come verifica faccia poi leggere a qualche coppia di bambini quello che è stato scritto.

2 Completiamo il cruciverba

2.1 Faccia completare a coppie il cruciverba sottostante e assegni mezzo punto a ogni risposta esatta. Conceda inoltre un bonus di dieci punti alla squadra che termina per prima, otto a quella che termina per seconda, e così via fino a zero.

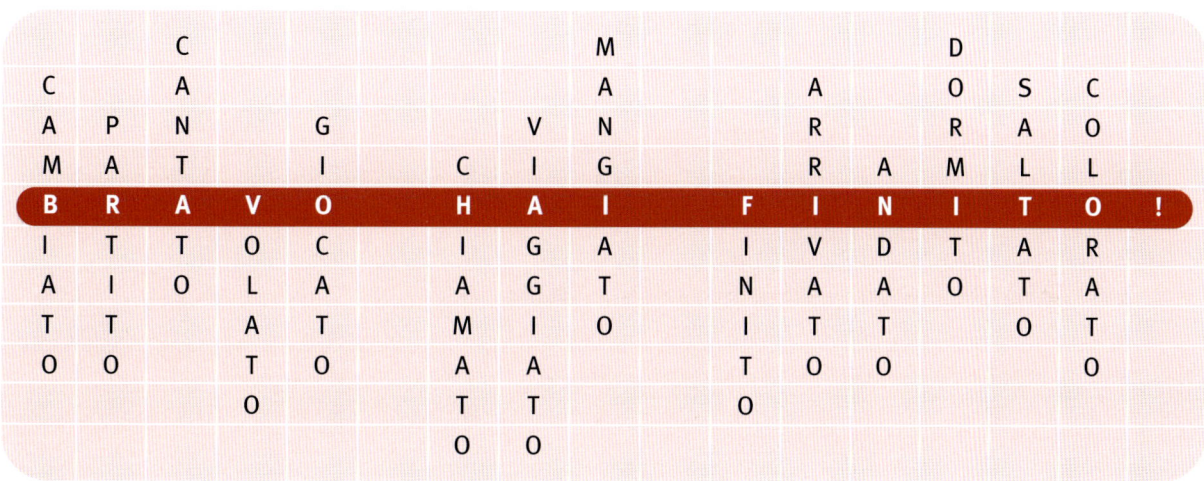

2.2 Come verifica legga a voce alta le soluzioni.

3 Che cos'ha Togo?

Faccia completare individualmente le didascalie e assegni mezzo punto a ogni risposta corretta.

1. Ha il mal di denti.
2. Ha il mal di gola.
3. Ha il mal di pancia.
4. Ha il mal di testa.
5. Ha il raffreddore.
6. Ha la febbre.

4 Troviamo le parole

Divida la classe a coppie e assegni mezzo punto a ogni risposta esatta. Conceda inoltre un bonus di dieci punti alla squadra che termina per prima, otto a quella che termina per seconda, e così via fino a zero.

A	X	V	D	E	N	T	E	V
C	C	P	Z	C	B	S	K	I
Q	D	A	G	S	R	C	L	S
G	I	N	O	C	C	H	I	O
O	T	C	M	O	U	I	N	J
L	O	I	I	L	O	E	G	L
A	G	A	T	L	R	N	U	Q
S	Z	Q	O	O	E	A	A	S
S	P	A	L	L	A	B	D	T

5 La rana e il fiume

Gioco della rana e del fiume per fare un riepilogo delle strutture.

Suddivida la classe in squadre di quattro.
Dapprima esegua il gioco indicato sul libro di testo. I bambini devono riordinare correttamente la frase, in modo da poter attraversare il fiume e raggiungere il regalo che c'è sull'altra sponda.

Successivamente inviti i bambini ad andare alle pagine XV e XVI degli allegati, dove incontreranno una serie di sassi da ritagliare e da incollare nell'ordine corretto.

Faccia incollare tutti i sassi (frasi) su dei fogli quindi si faccia consegnare i lavori, attribuendo come al solito un punto a ogni risposta esatta. Faccia una croce di fianco alle frasi errate, poi scriva alla lavagna tutte le risposte corrette, in modo che i bambini verifichino dove hanno sbagliato.
Nel caso avesse poco tempo a disposizione può semplicemente fare scrivere le frasi su un foglio, senza far tagliare e incollare le pietre. Quindi si faccia consegnare quanto scritto e riscriva le forme corrette alla lavagna.

La seconda fase dell'attività può essere svolta individualmente dai bambini e consiste nel collegare le frasi (due a due) che possono stare insieme. Dia l'esempio con la prima *"Quando sei partito?"*, *"Sono partito venti anni fa"*. I bambini devono tagliare le frasi e reincollarle su un altro foglio nell'ordine corretto (in caso di mancanza di tempo si ricorda quanto detto nel paragrafo precedente).
Per questa attività conceda 15 minuti di tempo e alla fine del lavoro si faccia consegnare i nuovi fogli, assegni

un punto a ogni domanda e risposta esatte. Il primo che consegna il lavoro tutto corretto prima dello scadere dei 15 minuti avrà diritto a un bonus di 8 punti, il secondo 6, il terzo 4 e il quarto 2. Nel caso di errori riscontrati nei lavori consegnati prima dello scadere del tempo, non si ha diritto a nessun bonus.

Riportiamo qui le frasi mescolate e quelle corrette, nell'ordine finale. Negli allegati del libro dello studente le frasi hanno chiaramente un ordine sparso.

sei, ?, partito, quando	Quando sei partito?
fa, anni, partito, sono, venti	Sono partito venti anni fa.
siete, come, ?, venuti	Come siete venuti?
in, venuti, treno, siamo	Siamo venuti in treno.
tempo, ?, il, durato, quanto, viaggio, è	Quanto tempo è durato il viaggio?
otto, durato, ore, è	È durato otto ore.
venuto, chi, ?, sei, con	Con chi sei venuto?
la, sono, mia, venuto, famiglia, con	Sono venuto con la mia famiglia.
che, ?, Bianca, fatto, ha, cosa	Che cosa ha fatto Bianca?
la, Bianca, mangiato, ha, pasta	Bianca ha mangiato la pasta.
hai, che, ?, cos'	Che cos'hai?
il, di, pancia, ho, mal	Ho il mal di pancia.
state, ?, come	Come state?
febbre, la, male, abbiamo	Male, abbiamo la febbre.
successo, che, è, ?, cosa	Che cosa è successo?
finito, l'acqua, abbiamo	Abbiamo finito l'acqua.
compri, ?, cosa, che	Che cosa compri?
pacchetto, compro, caramelle, un, di	Compro un pacchetto di caramelle.
piace, ?, cosa, che, ti	Che cosa ti piace?
piacciono, mi, biscotti, i	Mi piacciono i biscotti.

PERCORSO 4

FUNZIONI		MORFOSINTASSI	LESSICO
Chiedere e dire provenienza e nazionalità.	Di dove sei? Di dove siete? Sono francese. Siamo cinesi.	Proposizione interrogativa con *di dove*? Proposizione dichiarativa. **Aggettivi in –e.** **Accordo tra nome e aggettivo in –e.**	**La famiglia, gli amici** parenti **Le nazioni e le nazionalità** Albania – albanese Algeria – algerino\a Argentina – argentino\a Australia – australiano\a
Descrivere più azioni avvenute una dopo l'altra nel passato.	Prima abbiamo guardato... e dopo siamo venuti... .	Uso del passato prossimo con *"prima"* e *"dopo"*. **Il passato prossimo con ausiliare *essere* e *avere*.**	Brasile – brasiliano\a Canada – canadese Cile –cileno\a Cina – cinese Egitto – egiziano\a
Chiedere e dire il motivo di un'azione.	Perché siete venuti? Siamo venuti perché...	**Proposizione interrogativa con *perché*?** **Proposizione dichiarativa con *perché*.**	Filippine – filippino\a Francia – francese Ghana - ghanese Germania – tedesco\a Giappone – giapponese
Individuare le relazioni di causa e effetto.	Perché l'erba è secca? Perché non c'è acqua.	**Proposizione interrogativa con *perché*?** **Proposizione dichiarativa con *perché*.**	India – Indiano\a Inghilterra – inglese Marocco – marocchino\a Russia – russo\a Senegal – senegalese
Fare proposte \ dare e ricevere consigli.	Perché non? Cosa possiamo fare? Possiamo...	Proposizione interrogativa con *perché non*? Proposizione interrogativa con *come*? Proposizione dichiarativa con il verbo *potere* inteso come possibilità di compiere un'azione.	Spagna – spagnolo\a Svezia - svedese Svizzera – svizzero\a Tunisia - tunisino\a Turchia – turco\a **Luoghi e ambiente** campagna* cielo* città*
Prendere accordi per incontrarsi.	A che ora ci incontriamo? Alle...	Proposizione interrogativa con *che* e *dove*.	deserto* erba*

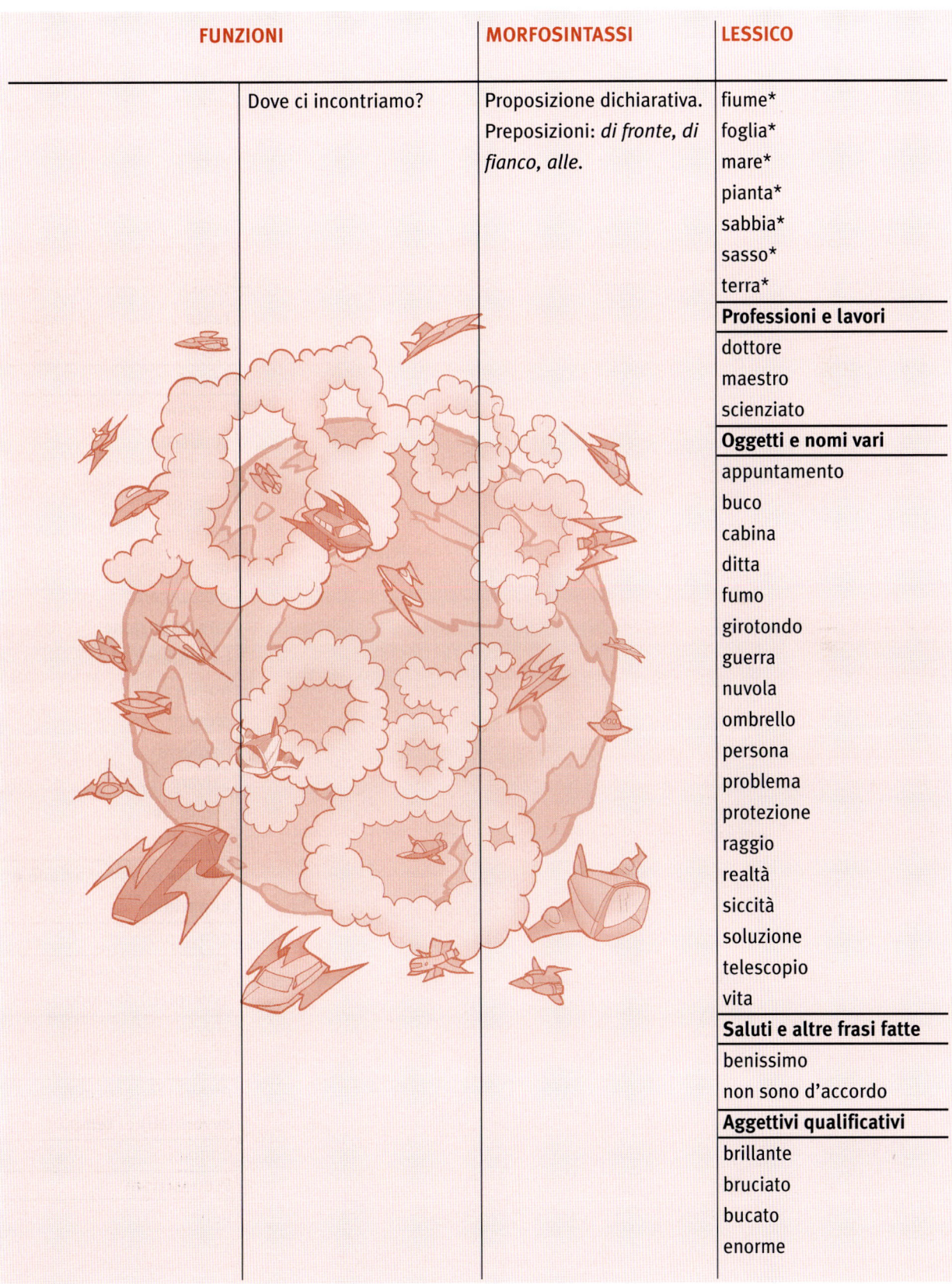

FUNZIONI	MORFOSINTASSI	LESSICO
Dove ci incontriamo?	Proposizione dichiarativa. Preposizioni: *di fronte, di fianco, alle*.	fiume*
		foglia*
		mare*
		pianta*
		sabbia*
		sasso*
		terra*
		Professioni e lavori
		dottore
		maestro
		scienziato
		Oggetti e nomi vari
		appuntamento
		buco
		cabina
		ditta
		fumo
		girotondo
		guerra
		nuvola
		ombrello
		persona
		problema
		protezione
		raggio
		realtà
		siccità
		soluzione
		telescopio
		vita
		Saluti e altre frasi fatte
		benissimo
		non sono d'accordo
		Aggettivi qualificativi
		brillante
		bruciato
		bucato
		enorme

FUNZIONI	MORFOSINTASSI	LESSICO
		finito
		lontano
		poco
		pulito
		rotto
		secco
		stellato
		tanto
		troppo
		I verbi
		bruciare
		conoscere
		costruire
		crepare
		decidere
		desiderare
		distruggere
		fare attenzione
		incontrarsi
		notare
		piovere
		risolvere
		salvare
		sembrare
		sentire
		Avverbi di affermazione e negazione
		non ... più
		Avverbi (e locuzioni avverbiali) di modo
		allora
		anche
		Avverbi (e locuzioni avverbiali) di tempo
		domani
		Preposizioni
		dall'
		sulla

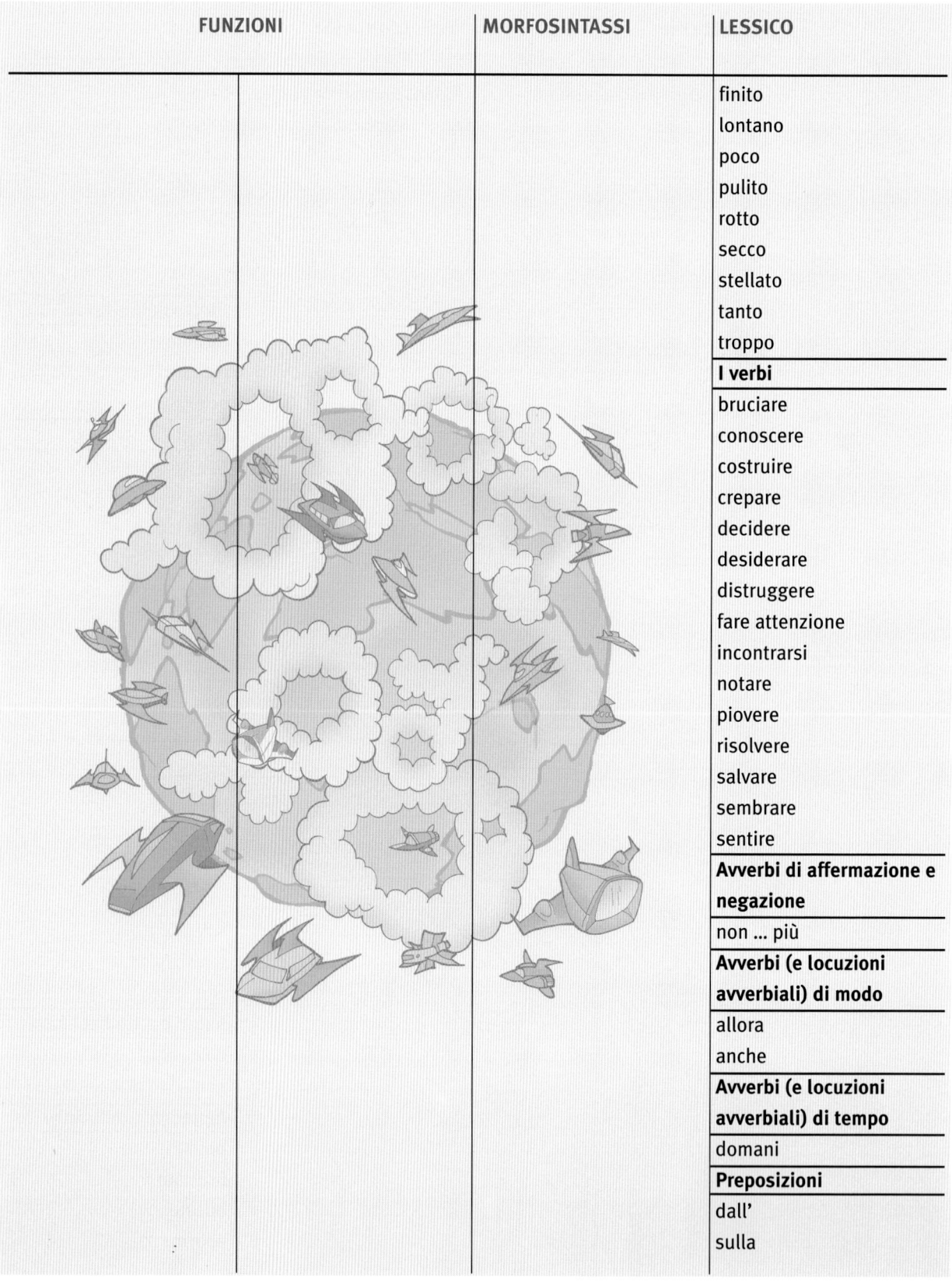

FUNZIONI	MORFOSINTASSI	LESSICO
		Pronomi
		nessuno
		Interrogativi
		di dove?
		perché?

Nota per il lessico:
i termini seguiti da asterisco (es. *campagna**) hanno le corrispondenti figurine illustrate.

** Nota: gli elementi evidenziati in neretto nella colonna della morfosintassi vengono presi in esame nella sezione denominata *La mia grammatica*.

1 Ascoltiamo e cantiamo una canzone

STORIA: arrivano molti bambini da tutte le parti del mondo per portare cibo e acqua agli abitanti di Blunasia.

Dialogo introduttivo:

Togo:	Guardate! Arrivano le astronavi con i bambini!
Bianca:	Sono tutti i bambini del mondo. Vengono a portare acqua e cibo.
Pietro:	Finalmente sono arrivati.

1.1 Faccia osservare le immagini sul libro dello studente e chieda ai bambini perché, secondo loro, ci sono tutte quelle astronavi nel cielo in direzione di Blunasia. Lasci che i bambini facciano ipotesi che Lei verificherà dopo l'ascolto del dialogo.

1.2 Chieda poi da dove vengono tutti i bambini, elicitando i nomi delle diverse nazioni. I bambini, molto probabilmente, diranno i nomi nella loro lingua: eventualmente Lei scriva alla lavagna il nome del paese in italiano (ricordiamo che sia in **Girotondo Primo Approccio** che in **Girotondo 1** si era già proposto *il cartellone delle bandiere e delle nazionalità*, che ora potrebbe essere ripreso). Questo punto vale chiaramente nel caso di una classe di bambini stranieri in Italia. Nel caso si trattasse di una classe monolingue all'estero è sempre possibile che ogni bambino, grazie appunto al cartellone di cui si è detto, scelga per sé una nazionalità particolare.

1.3 Scriva anche il primo esempio di nazionalità, cioè *"Pietro viene dall' Italia, è ..."* invitando i bambini a completare la frase. Quindi provi a chiedere ai bambini la nazionalità relativa ai paesi appena elencati alla lavagna. Anche se i bambini non sapranno rispondere, non importa: si tratta di un modo per attivare la loro curiosità e anticipare quello che verrà introdotto e sviluppato nelle prossime attività.

1.4 Proceda quindi al primo ascolto del dialogo introduttivo, e verifichi con i bambini le ipotesi fatte al punto 1.1 di questa attività.

1.5 Faccia eventualmente riascoltare il dialogo per verificare le ipotesi poi passi direttamente all'ascolto della canzone.

Testo della canzone:

Introduzione in coro:

Coro:	Siamo i bambini di tutto il mondo. Abbiamo portato cose da mangiare e in un grandissimo girotondo tutta Blunasia dobbiamo aiutare.
I° Bambino:	Io sono Pierre, vengo dalla Francia. Sono venuto perché ho sentito che qui a Blunasia più non si mangia, e tutto il cibo ormai è finito.
Bianca:	Non ho capito. Di dove sei?
I° Bambino:	Io sono Pierre, sono francese. Te l'ho già detto a più riprese.
I° Bambina:	Invece Io vengo dall'ArgentIna. Sono venuta perché un'amica ieri mi ha detto: "Hei tu Romina, sai che a Blunasia fanno fatica?"
Bianca:	Non ho capito. Di dove sei?
I° bambina:	Sono Romina, sono argentina. Te l'ho già detto, cara bambina.
II° bambina:	Mi chiamo Feng, vengo dalla Cina. Sono venuta a portare qualcosa. Sono partita questa mattina. Ho telefonato a Mariposa.
Bianca:	Non ho capito. Di dove?
II° Bambina:	Io sono Feng, sono cinese. Te l'ho già detto a più riprese.
III° bambina:	Io invece vengo dalla Tunisia. Mi chiamo Hedia e sono partita perché mi ha detto ieri mia zia che a Blunasia la vita è finita.

Bianca:	Non ho capito. Di dove sei?
III° bambina:	Mi chiamo Hedia, sono tunisina.
	Te l'ho già detto, cara bambina.
Coro:	Siamo i bambini di tutto il mondo.
	Abbiamo portato cose da mangiare
	e in un grandissimo girotondo
	tutta Blunasia dobbiamo aiutare.

1.6 Faccia dunque ascoltare una prima volta la canzone e inviti i bambini a numerare le caselline relative all'ordine di ascolto delle strofe riguardanti i personaggi che cantano.

1.7 Prima del secondo ascolto faccia osservare le domande della pagina a fianco e le relative risposte a scelta multipla. Proceda all'ascolto e inviti i bambini a rispondere. Eventualmente può far ascoltare la canzone un'altra volta nel caso in cui i bambini non avessero risposto completamente a tutte le domande.

1.8 Una volta verificate le risposte, consegni la fotocopia del seguente cloze, e inviti i bambini a completare il testo con le parole mancanti, dapprima senza ascoltare la canzone, poi riascoltandola di nuovo.

Coro:	Siamo i bambini di tutto il mondo.
	Abbiamo _____ cose da mangiare
	e in un grandissimo girotondo
	tutta Blunasia dobbiamo aiutare.
I° Bambino:	Io sono Pierre, vengo dalla Francia.
	Sono _____ perché ho _____
	che qui a Blunasia più non si mangia,
	e tutto il cibo ormai è _____.
Bianca:	Non ho _____. Di dove sei?
I° Bambino:	Io sono Pierre, sono francese.
	Te l'ho già _____ a più riprese.
I° bambina:	Invece io vengo dall'Argentina.
	Sono _____ perché un'amica
	ieri mi ha _____: "Hei tu Romina,
	sai che a Blunasia fanno fatica?"
Bianca:	Non ho _____. Di dove sei?
I° bambina:	Sono Romina, sono argentina.
	Te l'ho già _____, cara bambina.

II° bambina:	Mi chiamo Feng, vengo dalla Cina. sono _____ a portare qualcosa. Sono _____ questa mattina. Ho _____ a Mariposa.
Bianca:	Non ho _____. Di dove?
II° Bambina:	Io sono Feng, sono cinese. Te l'ho già _____ a più riprese.
III° bambina:	Io invece vengo dalla Tunisia. Mi chiamo Hedia e sono _____ perché mi ha _____ ieri mia zia che a Blunasia la vita è finita.
Bianca:	Non ho _____. Di dove sei?
III° bambina:	Mi chiamo Hedia, sono tunisina. Te l'ho già _____, cara bambina.
Coro:	Siamo i bambini di tutto il mondo. Abbiamo _____ cose da mangiare e in un grandissimo girotondo tutta Blunasia dobbiamo aiutare.

1.9 Verifichi quanto è stato scritto poi proceda a un ultimo ascolto invitando tutti i bambini a cantare la canzone con il testo ora completo.

2 Ascoltiamo e scriviamo

Testo dei dialoghi:

Primo dialogo:

Antonio:	Ciao io sono Antonio e vengo da Parma.
Bambina:	Dov'è Parma?
Antonio:	In Italia.
Bambina:	Allora sei italiano.

Secondo dialogo:

Jean:	Ciao io sono Jean e vengo da Toronto.
Bambino:	Toronto è in Canada.
Jean:	Sì, io sono canadese.

Terzo dialogo:

Izumi:	Ciao io sono Izumi e vengo da Tokyo.
Bambina:	Tokyo è in Giappone?
Izumi:	Sì.
Bambina:	Allora tu sei giapponese.

Quarto Dialogo:

Diop:	Ciao io sono Diop e vengo da Dakar.
Bambino:	Dov'è Dakar?
Diop:	In Senegal.
Bambino:	Allora tu sei senegalese.

Quinto dialogo:

Lena:	Ciao io sono Lena e vengo da Berlino.
Bambina:	Dov'è Berlino?
Lena:	In Germania.
Bambina:	Allora tu sei tedesca.

Sesto dialogo :

Sarah:	Ciao io sono Sarah e vengo da Londra.
Bambino:	Dov'è Londra?
Sarah:	In Inghilterra.
Bambino:	Allora tu sei inglese.

2.1 Faccia osservare dapprima le immagini e provi a chiedere ai bambini di dove sono i bambini rappresentati.

2.2 Inviti ora i bambini all'ascolto dei dialoghi facendo individuare dapprima il nome del bambino o della bambina che di volta in volta si presentano.

2.3 A questo punto passi a un secondo ascolto e inviti i bambini a scrivere la nazionalità corrispondente al bambino.

2.4 Ponga ora la domanda *"Di dov' è Antonio?"* e così per gli altri personaggi, in modo da verificare la comprensione del testo.

2.5 Infine faccia ascoltare i dialoghi un'ultima volta come verifica finale delle loro risposte. Dopo ogni risposta corretta scriva la nazionalità alla lavagna, per permettere ai bambini di controllare la correttezza grafica.

3 Scriviamo

3.1 Faccia osservare i vari paesi rappresentati e chieda ai bambini se già li conoscono. Sarebbe opportuno avere a portata di mano un mappamondo o almeno un atlante geografico, così da poter svolgere un'attività che consenta anche il recupero di diverse strutture già viste.

3.2 Successivamente disponga i bambini a coppie e faccia loro scrivere le nazionalità corrispondenti ai paesi indicati infine, come verifica, faccia leggere quanto scritto.

4 Colleghiamo: maschile o femminile?

4.1 Inviti i bambini a disporsi a coppie e trovare la corrispondenza tra l'aggettivo di nazionalità maschile e femminile e la faccina rappresentata.

4.2 Chieda poi di ripetere oralmente gli aggettivi prima maschili e poi femminili, in modo che risulti sempre più chiaro l'uso dell'aggettivo in –*e*.

5 Scriviamo

5.1 Inviti i bambini a osservare le immagini dei due bambini sul libro e li faccia descrive oralmente.

5.2 Successivamente faccia osservare gli aggettivi nel riquadro e inviti i bambini a completare le frasi usando gli aggettivi stessi.

5.3 Come verifica faccia leggere quanto scritto.

6 La mia grammatica

A questo punto può procedere alla riflessione sugli aggettivi in –*e*, andando alla pagina **9** de *La mia Grammatica*. Faccia osservare gli esempi e completare le frasi.

7 Ascoltiamo

STORIA: dalle astronavi scendono anche due scienziati che arriveranno a spiegare ai bambini il motivo della siccità a Blunasia.

Togo:	E voi chi siete? Di dove siete?
Scienziato:	Siamo scienziati di tutto il mondo. Siamo venuti a Blunasia per risolvere il vostro problema.

7.1 Faccia osservare le immagini degli scienziati e chieda ai bambini chi possono essere, secondo loro, questi personaggi e perché sono andati a Blunasia. Scriva alla lavagna le loro ipotesi per poi verificarle in seguito.

7.2 Inviti i bambini ad ascoltare il breve dialogo e quindi chieda ancora chi sono i personaggi e perché sono arrivati a Blunasia iniziando il confronto tra quanto detto dai bambini e quanto detto dal testo.

7.3 Faccia ascoltare una seconda volta il dialogo e faccia completare l'attività, invitando i bambini a scegliere la risposta corretta da inserire.

7.4 Faccia confrontare le risposte a coppie e quindi proceda a una verifica di quanto scritto facendo leggere le risposte stesse a un bambino.

8 Ascoltiamo una filastrocca

Testo della filastrocca che non compare sul libro dello studente:

Ecco Blunasia. Siamo arrivati
da tutto il mondo: siamo scienziati,
russi, cinesi e italiani,
turchi, cileni e brasiliani.

Qui in campagna c'è solo sabbia,
come il deserto che c'è in Arabia.
Abbiamo capito che la siccità
è diventata una triste realtà.

L'erba e le foglie sono bruciate.
La terra e i sassi sono crepati.
Che cosa è successo? Sapete perché?
Abbiamo visto che cosa c'è.

Abbiamo volato nel cielo stellato
e vicino a Blunasia abbiamo notato
dei buchi enormi, le nuvole rotte,
tante astronavi. Ma sono troppe!

Abbiamo pensato: non c'è protezione.
A Blunasia nessuno fa più attenzione.
La soluzione è un segreto che poi
noi sveleremo a tutti voi.

8.1 Prima di far ascoltare la filastrocca faccia osservare le immagini sul libro dello studente e chieda ai bambini di disporsi a coppie e discutere di ciascuna immagine.

8.2 Scriva in mezzo alla lavagna la parola *"terra"* e formi un diagramma a ragnatela invitando i bambini a osservare le immagini sul libro e a dire altre parole associate al sostantivo *"terra"*. Ci saranno termini come *"sabbia, sasso, erba, ecc."* che i bambini ancora non conoscono, ma che potranno essere aggiunti una volta ascoltata la filastrocca.

8.3 Proceda a un primo ascolto e inviti i bambini a seguire le immagini sparse sul libro e a numerarle nell'apposita casella in base all'ordine di ascolto.

8.4 Dopo il primo ascolto provi a tornare al diagramma e a vedere se i bambini sono riusciti a cogliere qualche altra parole relativa all'ambiente terra; quindi proceda a un secondo ascolto e inviti i bambini a seguire con le mani il ritmo della filastrocca.

8.5 Dia cinque minuti per leggere il testo dell'attività di *"Vero\Falso"* che si trova al centro della pagina e inviti i bambini a porre le prime crocette.

8.6 Faccia riascoltare una terza volta la filastrocca, lasciando il tempo per finire l'attività di comprensione.

8.7 Verifichi quanto hanno scritto e concluda il diagramma a ragnatela con il lessico appropriato.

8.8 A questo punto distribuisca la fotocopia della filastrocca e inviti i bambini a recitarla dapprima seguendo il testo del cd e poi da soli.

9 Ascoltiamo
Che cosa non va bene?

9.1 Faccia osservare le immagini di esempio sul libro dello studente in modo che i bambini capiscano l'attività richiesta. Chieda ai bambini perché "*montagna*" non va bene. Questa attività oltre a ribadire il lessico dell'ambiente ascoltato nella filastrocca può essere un valido strumento sull'uso di *"perché"*. Infatti, dopo che i bambini avranno individuato la parola che non c'entra, si ricordi sempre di chiedere perché non va bene.

9.2 Proceda quindi all'ascolto del testo e a ogni gruppo di parole arresti il CD per lasciare spazio alla risposta dei bambini.

Testo: Uno - Nove - Montagna - Dodici
Che cosa non va bene? Perché?

Patata - Deserto - Pomodoro - Cipolla
Che cosa non va bene? Perché?

Argentina - Brasile - Erba - Svizzera
Che cosa non va bene? Perché?

Uva - Foglia - Banana - Mela
Che cosa non va bene? Perché?

Cinema - Gelateria - Pasticceria - Pianta
Che cosa non va bene? Perché?

Sasso - Cuore - Dente - Dito
Che cosa non va bene? Perché?

Bicchiere - Sabbia - Tazza - Lattina
Che cosa non va bene? Perché?

Macchina - Treno - Nave - Terra
Che cosa non va bene? Perché?

10 Troviamo la rima

Testo:
Campagna fa rima con …?
Deserto fa rima con …?
Erba fa rima con …?
Foglia fa rima con …?
Pianta fa rima con …?
Sasso fa rima con …?
Sabbia fa rima con …?
Terra fa rima con …?

10.1 Prima di procedere all'ascolto delle parole di cui i bambini dovranno trovare e scrivere le corrispondenti rime, faccia osservare le parole in fondo all'attività e i disegni corrispondenti che chiariscono il tipo di elemento che esse rappresentano.

10.2 Faccia ora disporre i bambini a coppie e faccia leggere ad alta voce ciascuna parola. Proceda quindi al primo ascolto. Inviti i bambini a osservare le parole che ascoltano per trovare la rima corretta.

10.3 Lasci ai bambini un attimo di tempo per leggere le parole ascoltate e trovare insieme le rime.

10.4 Faccia ascoltare nuovamente il CD e si fermi dopo ogni parola ascoltata per lasciare ai bambini il tempo necessario per individuare la parola in rima, se non l'avessero ancora fatto.

10.5 Ora chieda di rileggere a coppie le parole rimate e passi fra i bambini a monitorare l'attività.

10.6 Infine chieda a una coppia di leggere alla classe le parole rimate e scriva alla lavagna le corrispondenze trovate.

11 Ascoltiamo

Testo che compare in parte sul libro dello studente:

Bianca:	Non abbiamo capito. Chi siete e di dove siete?
Scienziato:	Siamo scienziati italiani, argentini, francesi… di tutto il mondo, e siamo venuti con i bambini cinesi, marocchini, inglesi… di tutto il mondo anche loro.
Bianca:	Perché siete venuti?
Scienziato:	Perché abbiamo capito che a Blunasia ci sono tanti problemi.

Scienziato: Prima abbiamo guardato il vostro pianeta con il telescopio e dopo siamo venuti più vicino con le astronavi. Abbiamo visto che la campagna è tutta bruciata. La terra è diventata nera e l'erba è secca. Adesso c'è solo la sabbia e da lontano Blunasia sembra un deserto. Siamo tornati a casa e abbiamo parlato con le persone di tutto il mondo. Prima abbiamo incontrato i genitori e dopo abbiamo parlato anche con i bambini. Insieme abbiamo deciso di partire. Dobbiamo salvare Blunasia. Guardate questa pianta: ha solo una foglia. Senti questo sasso: è caldissimo.

11.1 Faccia dapprima ascoltare la prima parte del dialogo, chiedendo di rispondere oralmente a domande del tipo: *"Di dove sono gli scienziati?"*, *"Di dove sono i bambini?"*, *"Perché sono andati a Blunasia?"*, ecc. È un modo per introdurre i bambini alla storia che verrà narrata subito dopo dallo scienziato e anche per ribadire il plurale degli aggettivi che sarà ripreso in seguito. Importante è porre l'accento anche sulla domanda *"Perché?"*, anch'essa ripresa in seguito.

11.2 Si passa poi all'ascolto del racconto dello scienziato, che da un lato serve a fissare il lessico legato all'ambiente e dall'altro approfondisce l'uso del passato prossimo con *"prima"* e *"dopo"*.
Per evitare che i bambini leggano il testo scritto sul loro libro, proceda a un primo ascolto a libro chiuso e chieda poi ai bambini di rispondere alle seguenti domande, che Lei distribuirà fotocopiandole direttamente dalla Sua guida per l'insegnante:

Gli scienziati hanno guardato Blunasia con un telescopio.	V	F
Gli scienziati sono andati a Blunasia con gli aerei.	V	F
La campagna è bruciata.	V	F
L'erba è verde.	V	F
Gli scienziati hanno parlato con i bambini.	V	F
Gli scienziati non vogliono salvare Blunasia.	V	F

Proceda eventualmente a più ascolti, poi faccia correggere l'attività dapprima in coppia e successivamente con tutta la classe.

11.3 Faccia poi aprire il libro dello studente e inviti i bambini a osservare le immagini ed eventualmente a descriverle.

11.4 Quindi proceda a un nuovo ascolto chiedendo ai bambini di completare le parti mancanti.

11.5 Alla fine, come verifica, faccia leggere quanto scritto.

11.6 Prima di proseguire con l'attività inviti i bambini ad andare alla pagina XVII degli allegati: occorre completare le didascalie e incollare le figurine sul dizionario illustrato. Nella stessa pagina troveranno le figurine di altre parole non utilizzate in queste ultime attività, ma già conosciute dai bambini. Riteniamo che sia importante che i bambini possano incollare sul loro dizionario illustrato anche queste figurine.

11.7 Rimanga dunque sul testo appena ascoltato e letto. Inviti i bambini a osservare le immagini relative alle frasi *"Prima abbiamo guardato il vostro pianeta con il telescopio e dopo siamo venuti più vicino con le astronavi"* e *"Prima abbiamo incontrato i genitori e dopo abbiamo parlato anche con i bambini"*. Chieda dunque *"Che cosa hanno fatto prima gli scienziati? E dopo?"*, ponendo molto l'accento, anche con la gestualità, appunto su *"prima"* e *"dopo"*.

11.8 Come verifica chieda poi ai bambini che cosa hanno fatto prima di venire a scuola e, nel caso di frasi poco corrette, rinforzi positivamente le loro risposte sottolineando ancora *"prima"* e *"dopo"*.

12 Colleghiamo e scriviamo
Che cosa hanno fatto?

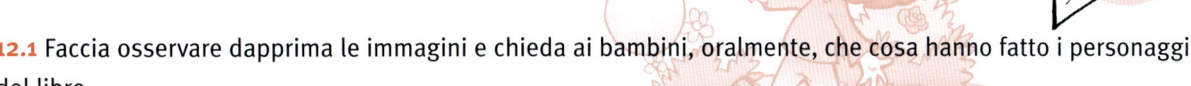

12.1 Faccia osservare dapprima le immagini e chieda ai bambini, oralmente, che cosa hanno fatto i personaggi del libro.

12.2 Quindi inviti i bambini a collegare le immagini osservando gli orologi che determinano il momento dell'azione.

12.3 Infine inviti i bambini a scrivere cosa hanno fatto i personaggi usando *"prima"* e *"dopo"*.

12.4 Come verifica faccia leggere quanto scritto.

13 Giochiamo

13.1 Divida la classe in piccoli gruppi e inviti ciascun gruppo a preparare una *"scenetta"* in cui vengano rappresentate due azioni una successiva all'altra.

13.2 Ogni gruppo deve rappresentare la scena davanti alla classe, che dovrà indovinare cosa è successo. Assegni un punto a ogni risposta esatta. Prosegua il gioco a Sua discrezione.

14 Ascoltiamo e scriviamo

Togo:	E voi perché siete venuti?
Bambino:	Io sono venuto perché voglio aiutare i bambini di Blunasia.
Un bambino e una bambina:	Noi siamo venuti perché abbiamo visto che qui è troppo caldo. Dobbiamo risolvere il problema.
Bambina:	Io sono venuta perché conosco il problema di Blunasia.

14.1 Proceda al primo ascolto a libro chiuso e chieda ai bambini *"Chi parla qui? Un bambino o una bambina? O tanti bambini insieme?"*. Ascolti il dialogo alcune volte interrompendo l'ascolto a ogni battuta e ponendo nuovamente la domanda.

14.2 Faccia poi ascoltare il dialogo a libro aperto e verifichi le risposte dei bambini.

14.3 A questo punto inviti i bambini a completare a coppie le parti mancanti del dialogo.

14.4 Faccia poi leggere, come verifica, quanto scritto e poi chieda ai bambini *"Perché il bambino dice – io sono venuto – e la bambina dice – io sono venuta - ?"* insistendo anche con altre domande sulla differenziazione del maschile, del femminile e del plurale del participio.

14.5 Dato che il passato prossimo è già stato preso in considerazione più volte, riteniamo che sia qui opportuna una nuova riflessione, relativa all'ausiliare *"essere"*. Per questo motivo passi subito all'attività successiva dove, per uniformità con le attività precedenti, abbiamo mantenuto l'immagine del mangiadrillo che chiede da mangiare.

15 Il mangiadrillo ha fame

15.1 Faccia dapprima leggere ad alta voce il breve dialogo introduttivo, poi passi all'attività sui verbi.

15.2 Faccia osservare le due piante e cerchi di mettere nuovamente in evidenza il fatto che una è legata al maschile e l'altra al femminile.

15.3 Faccia leggere l'esempio sulle due piante e quindi faccia completare l'immagine con le desinenze dentro ai frutti.

15.4 Come verifica faccia lavorare prima i bambini in coppia e poi li faccia leggere ad alta voce quanto hanno scritto. Per poi passare alla sistematizzazione nell'attività successiva.

16 La mia grammatica

Inviti i bambini ad andare alle pagine 13, 14 e 15 de *La mia Grammatica* e a completare le frasi e gli schemi presenti.

17 Ascoltiamo

| Togo: | Ma allora, qual è il problema di Blunasia? Perché è così caldo? |
| Scienziato: | Vi ricordate la nostra filastrocca? |

17.1 Inviti i bambini dapprima a osservare il disegno del breve dialogo e quindi lo faccia ascoltare per la prima volta.

17.2 Chieda a Sua volta ai bambini perché, secondo loro, a Blunasia è così caldo, quindi li divida in piccoli gruppi e li faccia lavorare sulle loro supposizioni (in base anche al disegno che rappresenta il dialogo) che, come dice lo scienziato, si devono basare sulla filastrocca dell'attività 8 di questo percorso.

17.3 Durante il lavoro di gruppo Le consigliamo di passare tra i banchi e ascoltare quanto viene detto dai bambini.

17.4 Al termine del lavoro si faccia ripetere le varie ipotesi ed eventualmente le scriva alla lavagna, così da poterle verificare dopo il riascolto della filastrocca e dopo le successive attività.

17.5 A questo punto faccia riascoltare la filastrocca dell'attività 8, incentrando l'attenzione sulle ultime strofe, dove appunto si parla delle troppe astronavi che bucano le nuvole e della relativa mancanza di protezione su Blunasia.

17.6 Infine verifichi le risposte dei bambini con le indicazioni della filastrocca. Quindi passi all'ascolto della successiva canzone, dove viene spiegato con più chiarezza il problema di Blunasia.

18 Cantiamo una canzone

Testo della canzone:

| Scienziato: | L'erba è già secca e la terra è nera. |
| | Qui a Blunasia non c'è primavera. |

Tutto è bruciato e sapete perché?
Perché a Blunasia l'acqua non c'è.

Le piante e le foglie sono seccate
e non piove più: come in estate.
Perché le nuvole in cielo son rotte?
Perché le astronavi lassù sono troppe.

È questo il problema, non lo sa nessuno.
Con tante astronavi c'è troppo fumo.
Perché le nuvole sono bucate?
Perché il fumo caldo le ha tutte bruciate.

E i raggi del sole che fanno? Attenzione!
Arrivano a terra senza protezione.
Perché tutto è nero? C'è forse la guerra?
Perché i raggi del sole bruciano la terra.

E allora, bambini, venite qui attorno.
Salviamo Blunasia in un solo giorno.
Chiamate gli amici, chiamate i parenti.
Salviamo Blunasia e viviamo contenti.

18.1 In questa canzone lo scienziato spiega esattamente i motivi per cui a Blunasia tutto è bruciato. Prima dell'ascolto della canzone faccia dunque osservare bene le immagini che la rappresentano e inviti i bambini a trovare un'ulteriore risposta al problema posto in precedenza. Nel fare questo cerchi di illustrare anche le immagini in modo da anticipare parte del lessico che si andrà ad ascoltare nella canzone ("*bruciare, bucare, raggi del sole, protezione, nuvole, fumo, ecc.*"). Una possibilità è disegnare alla lavagna un diagramma a ragnatele con al centro, già scritta, la parola *"sole"*, in modo da richiamare alla mente o dire per la prima volta tutte le parole legate al sole e ai suoi effetti.

18.2 Una volta che Lei ha svolto questa prima fase di pre-ascolto, può passare all'ascolto vero e proprio della canzone. Le consigliamo di procedere in questa fase mostrando le immagini dal Suo libro nel momento in cui le stesse vengono citate dal testo.

18.3 Dopo il primo ascolto chieda nuovamente se qualcuno ha capito il motivo della siccità, quindi inviti a leggere le domande e le risposte a scelta multipla che si trovano dopo le immagini della canzone. All'occorrenza spieghi il significato del lessico che i bambini eventualmente non conoscono.

18.4 Proceda a un ulteriore ascolto invitando i bambini a rispondere alle domande (in neretto le risposte corrette). Faccia correggere le risposte a coppie quindi proceda a un altro ascolto di verifica.

1. **Perché a Blunasia la terra è nera e l'erba è secca?**

    1. Perché è molto freddo.
    2. **Perché non c'è acqua.**
    3. Perché piove sempre.

2. **Perché le nuvole sono rotte?**

    1. **Perché ci sono troppe astronavi.**
    2. Perché ci sono troppi aerei.
    3. Perché ci sono troppe automobili.

3. **Perché le nuvole sono bucate?**

    1. Perché la ploggia ha bucato le nuvole.
    2. Perché il sole è freddo.
    3. **Perché il fumo caldo ha bruciato le nuvole.**

4. **Perché tutto è nero?**

    1. Perché i raggi del sole bruciano le case.
    2. **Perché i raggi del sole bruciano la terra.**
    3. Perché i raggi del sole non arrivano sulla terra.

18.5 Come ulteriore verifica delle risposte e per il piacere dei bambini, può distribuire una fotocopia del testo e invitare i bambini a cantare insieme la canzone.

19 Leggiamo e scriviamo

19.1 Faccia lavorare i bambini a coppie. In pratica occorre leggere le frasi riportate sulle immagini e completare le frasi sottostanti scegliendo la risposta tra quelle indicate nel riquadro.

19.2 Come verifica faccia leggere ad alta voce le risposte.

19.3 Terminata l'attività, è molto importante osservare la domanda di Togo (*"E allora, che cosa possiamo fare?"*) e chiedere ai bambini quali soluzioni si possono prospettare. Si tratta di un modo di sensibilizzare tutti i bambini al problema ambientale e, relativamente al percorso didattico di **Girotondo**, di creare aspettative ed elicitare la storia che verrà descritta nelle attività successive.

CLASSE MONOLIGUE: in relazione alle proposte del punto 19.3, potrebbe essere questa l'occasione per sensibilizzare i bambini riguardo ai problemi legati al cosiddetto "buco dell'ozono" e in generale ai problemi legati al rispetto dell'ambiente.

20 La mia grammatica

A questo punto può invitare i bambini ad aprire la pagina **16** de *La mia Grammatica* e a completare gli esempi riguardanti *"Perché"*.

21 Che cosa possiamo fare?

21.1 Faccia osservare le immagini del dialogo e inviti i bambini a prevedere cosa diranno, o meglio, proporranno i bambini.

21.2 Passi poi al primo ascolto del dialogo (e non della filastrocca successiva) e chieda ai bambini di prestare attenzione appunto alle proposte dei nostri personaggi. Inviti i bambini a numerare le immagini in base all'ordine di ascolto.

Testo:

Cecilia:	E allora, che cosa possiamo fare?
Pietro:	Secondo me possiamo andare a prendere l'acqua sulla terra.
Bianca:	Secondo me possiamo distruggere le astronavi.
Cecilia:	Sì, possiamo andare tutti a piedi.
Togo:	Perché non costruiamo un grande ombrello su Blunasia?
Scienziato:	No bambini, non va bene. Sapete perché?

21.3 Chieda dunque ai bambini quali sono i suggerimenti, poi passi a un ulteriore ascolto per verificare se l'ordine di ascolto è stato ascoltato correttamente. Ponga domande del tipo *"Secondo Pietro che cosa possono fare? E secondo Bianca, che cosa possono fare?, ecc."*. Eventualmente scriva alla lavagna le proposte finali: scriva la domanda *"Che cosa possono fare?"* e una serie di risposte precedute da *"Secondo ..."*.

Ad esempio: *"Secondo Pietro possono andare sulla terra a prendere l' acqua"*. Sotto questa frase la proposta di Bianca, ecc, lasciando lo spazio per i successivi suggerimenti dei bambini.

21.4 Infatti, dopo aver precisato cosa suggeriscono i personaggi del libro, Lei può chiedere ai bambini di formulare una serie di loro proposte, facendo attenzione a insistere sull'uso del verbo *"potere"*, qui appunto usato come "possibilità di compiere un'azione".
Faccia in modo che i bambini tra loro commentino le proposte, stimolando la conversazione con domande del tipo *"Secondo te, va bene o non va bene? Perché?"* ritornando così anche sul *"perché"* visto in precedenza.

21.5 Dopo l'attività sul dialogo passi all'ascolto della filastrocca dello scienziato.

Testo della filastrocca: Mio caro Pietro, la terra è lontana
e qui a Blunasia l'acqua è finita.
Possiamo viaggiare una settimana
ma non possiamo per tutta la vita.

Mia cara Bianca, distruggere no.
Tutte le astronavi qui sono importanti.
Cambiamo il fumo, questo si può.
Astronavi pulite, stelle brillanti.

Non sono d'accordo con Togo che vuol
costruire nel cielo un grande ombrello.
Salviamo le nuvole, salviamo il sole
e così avremo un cielo più bello.

21.6 Prima di ascoltare la filastrocca faccia osservare brevemente le immagini e chieda ai bambini se riescono a dedurre le motivazioni per cui lo scienziato non è d'accordo con le proposte dei nostri personaggi.

21.7 Proceda dunque al primo ascolto a libro chiuso, invitando i bambini a focalizzare l'attenzione sulle motivazioni dello scienziato. Scriva eventualmente le domande alla lavagna. Ad esempio: *"Perché non va bene la proposta di Pietro \ Bianca \ Togo?"*.

21.8 Dopo il primo ascolto disponga i bambini a coppie e li inviti a riascoltare la filastrocca ancora a libro chiuso e successivamente a confrontarsi tra di loro riguardo sempre alle motivazioni dello scienziato. Si faccia dire le prime ipotesi che scaturiscono dai bambini e le scriva eventualmente alla lavagna in modo da poterle poi confrontare con il testo scritto della filastrocca.

21.9 A questo punto può far aprire il libro e quindi far ascoltare e ripetere la filastrocca seguendo il testo. Le stesse coppie precedenti possono ora leggere le motivazioni e confrontarle con le considerazioni già espresse prima.

22 Ascoltiamo

STORIA: la decisione viene presa. I bambini e gli scienziati vogliono andare a parlare con il costruttore delle astronavi per convincerlo a produrre astronavi più pulite e a "riparare" al danno provocato.

Testo del dialogo:

Scienziato:	Scusa Togo, chi costruisce le astronavi qui a Blunasia?
Togo:	È la ditta Astroveloce. Il padrone è il signor Fumone.
Scienziato:	Va bene, allora possiamo telefonare e parlare con lui. Dov'è un telefono?
Togo:	Guarda là, c'è una cabina di fianco alla scuola.
Fumone:	Ditta Astroveloce.
Scienziato:	Buongiorno, sono uno scienziato della Terra. Posso parlare con il sig. Fumone?
Fumone:	Sono io. Che cosa desidera?
Scienziato:	Posso avere un appuntamento con Lei?
Fumone:	Va bene.
Scienziato:	Dove ci incontriamo?
Fumone:	Qui nella ditta Astroveloce, di fronte all'ospedale di Blunasia.
Scienziato:	A che ora ci incontriamo?
Fumone:	Va bene domani alle nove?
Scienziato:	Benissimo. Grazie e arrivederci a domani.
Fumone:	Arrivederci.

22.1 Faccia osservare le immagini del dialogo e inviti i bambini a formulare ipotesi sulla storia, chiedendo ad esempio: *"Che cosa fanno Togo e lo scienziato, secondo voi?"*, *"A chi telefona lo scienziato e perché?"* e domande simili volte a elicitare la vicenda.

22.2 A questo punto faccia ascoltare la prima parte del dialogo a libro chiuso, quindi chieda ai bambini chi vuole incontrare lo scienziato e perché. Eventualmente faccia riascoltare questa prima parte una seconda volta per confermare o meno l'ipotesi fatta.

22.3 Proceda allo stesso modo con la seconda parte del dialogo chiedendo questa volte dove e a che ora si incontrano i due personaggi.

22.4 Faccia ora aprire il libro e riascoltare il dialogo invitando i bambini a rispondere alle domande a scelta multipla.

22.5 Come verifica faccia leggere le risposte e, se necessario, ascolti nuovamente il dialogo.

23 Ascoltiamo e scriviamo

Testo del dialogo:

Angela:	Pronto?
Paolo:	Pronto, Angela, sono Paolo.
Angela:	Paolo! Come stai?
Paolo:	Bene, grazie, e tu?
Angela:	Non c'è male. Ma… dimmi, perché hai telefonato?
Paolo:	Perché è arrivata l'estate. Domenica mattina vado al mare con i miei amici. Vieni anche tu?
Angela:	Va bene. Dove ci incontriamo?
Paolo:	Al bar di fronte al supermercato, alle 8.
Angela:	D'accordo. Allora ci vediamo domenica. Ciao e grazie.
Paolo:	Grazie a te. Ciao.

23.1 Faccia ascoltare il dialogo invitando i bambini a compilare la tabella che trovano sul libro dello studente. Proceda eventualmente a più ascolti.

23.2 Come verifica, faccia leggere quanto scritto e, nel caso di risposte poco chiare, faccia ascoltare nuovamente il dialogo.

24 Giochiamo

24.1 Divida la classe a coppie. Poi prenda le figurine illustrate relative alle parti della città e ne distribuisca una a ogni coppia di bambini. Nel frattempo riscriva alla lavagna le domande dell'attività 23 del libro dello studente.

24.2 Inviti poi i bambini ricostruire una scena telefonica simile a quella ascoltata nell'attività precedente. Per far questo può anche far riascoltare il dialogo appunto dell'attività 23.

24.3 Permetta ai bambini di scrivere il testo del dialogo, quindi inviti ogni coppia a rappresentare la telefonata alla classe. Gli altri bambini dovranno prendere nota e rispondere alle domande che Lei in precedenza aveva già scritto sulla lavagna.

il campionato dei ricordi

1 Completiamo il cruciverba

1.1 Faccia completare a coppie il cruciverba sottostante e assegni mezzo punto a ogni risposta esatta. Conceda inoltre un bonus di dieci punti alla squadra che termina per prima, otto a quella che termina per seconda, e così via fino a zero.

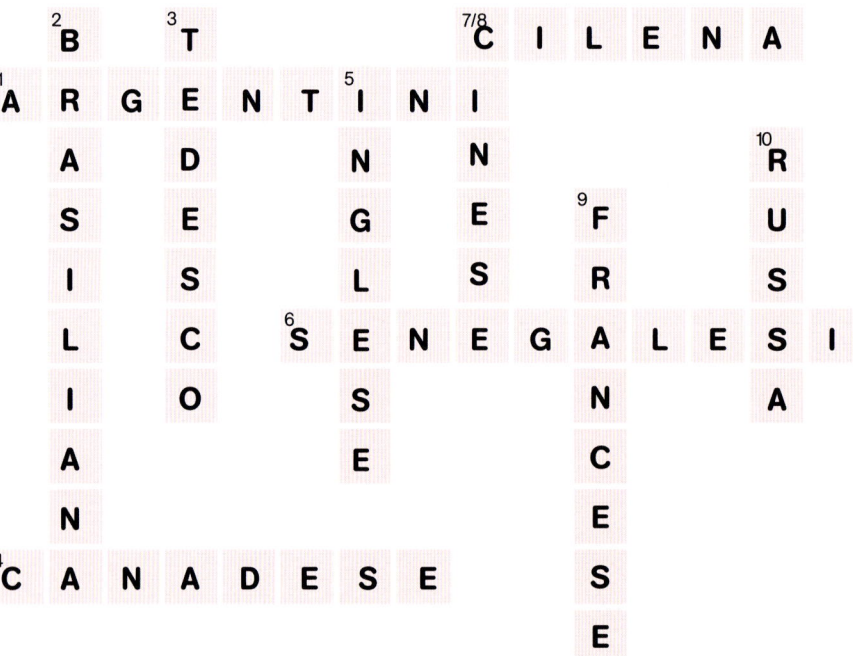

1. Carlos e Carina vengono dall'Argentina. Sono...
2. Maria viene dal Brasile. È...
3. Detlev viene dalla Germania. È...
4. Tony viene dl Canada. È...
5. Patricia viene dall'Inghilterra. È
6. Diop e Modou vengono dal Senegal. Sono...
7. Xiao Lan viene dalla Cina. È...
8. Isabela viene dal Cile. È...
9. Pierre viene dalla Francia. È...
10. Elena viene dalla Russia. È...

2 Troviamo le parole

Divida la classe a coppie e assegni mezzo punto a ogni risposta esatta. Conceda inoltre un bonus di dieci punti alla squadra che termina per prima, otto a quella che termina per seconda, e così via fino a zero.

C	A	M	P	A	G	N	A	X
D	D	S	I	X	Q	Z	A	P
E	E	S	A	B	B	I	A	R
S	R	A	N	X	F	T	S	G
E	B	Z	T	E	R	R	A	F
R	A	X	A	E	F	T	S	R
T	S	R	T	F	X	W	S	A
O	F	O	G	L	I	A	O	N

3 La rana e il fiume

Gioco della rana e del fiume per fare un riepilogo delle strutture.

Suddivida la classe in squadre di quattro.
Dapprima esegua il gioco indicato sul libro di testo. I bambini devono riordinare correttamente la frase, in modo da poter attraversare il fiume e raggiungere il regalo che c'è sull'altra sponda.

Successivamente inviti i bambini ad andare alle pagine XVIII e XIX degli allegati, dove incontreranno una serie di sassi da ritagliare e da incollare nell'ordine corretto.

Faccia incollare tutti i sassi (frasi) su dei fogli quindi si faccia consegnare i lavori, attribuendo come al solito un punto a ogni risposta esatta. Faccia una croce di fianco alle frasi errate, poi scriva alla lavagna tutte le risposte corrette, in modo che i bambini verifichino dove hanno sbagliato.
Nel caso avesse poco tempo a disposizione può semplicemente fare scrivere le frasi su un foglio, senza far tagliare e incollare le pietre. Quindi si faccia consegnare quanto scritto e riscriva le forme corrette alla lavagna.

La seconda fase dell'attività può essere svolta individualmente dai bambini e consiste nel collegare le frasi (due a due) che possono stare insieme. Dia l'esempio con la prima *"Da dove vieni?"*, *"Vengo dall' Argentina"*.
I bambini devono tagliare le frasi e reincollarle su un altro foglio nell'ordine corretto (in caso di mancanza di tempo si ricorda quanto detto nel paragrafo precedente).
Per questa attività conceda 15 minuti di tempo e alla fine del lavoro si faccia consegnare i nuovi fogli, assegni un punto a ogni domanda e risposta esatte. Il primo che consegna il lavoro tutto corretto prima dello scadere dei 15 minuti avrà diritto a un bonus di 8 punti, il secondo 6, il terzo 4 e il quarto 2. Nel caso di errori riscontrati nei lavori consegnati prima dello scadere del tempo, non si ha diritto a nessun bonus.

Riportiamo qui le frasi mescolate e quelle corrette, nell'ordine finale. Negli allegati del libro dello studente le frasi hanno chiaramente un ordine sparso.

dove, ?, vieni, da	Da dove vieni?
dall', vengo, Argentina	Vengo dall'Argentina.
sei, ?, dove, di	Di dove sei?
cinese, sono	Sono cinese.
siete, ?, dove, di	Di dove siete?
italiani, siamo	Siamo italiani.
venuti, perché, Blunasia, ?, siete, a	Perché siete venuti a Blunasia?
vogliamo, Blunasia, perché, aiutare	Perché vogliamo aiutare Blunasia.
fatto, cosa, ? che, hai	Che cosa hai fatto?
ho, prima, la, guardato, televisione, poi, letto, a, andato, sono	Prima ho guardato la televisione dopo sono andato a letto.
ristorante, il, è, ? dove	Dov'è il ristorante?
di, è, fianco, pasticceria, alla, ristorante, il	Il ristorante è di fianco alla pasticceria.
gelateria, dove, ?, la, è	Dov'è la gelateria?
di, gelateria, supermercato, è, fronte, al, la	La gelateria è di fronte al supermercato.
cosa, che, fare, ?, possiamo	Che cosa possiamo fare?
andare, in, possiamo, pizzeria	Possiamo andare i pizzeria.
sei, ?, perché, venuta	Perché sei venuta?
venuta, Blunasia, problema, di, conosco, sono, il, perché	Sono venuta perché conosco il problema di Blunasia.
a, perché, l', bruciata, erba, ?, Blunasia, è	Perché a Blunasia l'erba è bruciata?
c'è, acqua, non, perché	Perché non c'è acqua.
che, incontriamo, a, ?, ora, ci	A che ora ci incontriamo?
nove, alle	Alle nove.
ci, ?. incontriamo, dove	Dove ci incontriamo?
fronte, di, incontriamo, alla, ci, pizzeria	Ci incontriamo di fronte alla pizzeria.

PERCORSO 5

FUNZIONI		MORFOSINTASSI	LESSICO
Identificare segnali di divieto.	È vietato aprire il cancello.	Proposizione dichiarativa.	**La scuola, la classe**
			ago*
			chiodo*
Chiedere e dare o negare il permesso per compiere un'azione.	Si può guardare qui? Sì, si può. No, è vietato.	**Proposizione interrogativa e dichiarativa con il *si* impersonale e il verbo *potere*.**	compasso*
			corda*
			domanda
			filo*
			martello*
Dire che cosa si deve fare.	Si deve rispondere a una domanda.	**Proposizione dichiarativa con il *si* impersonale e il verbo *dovere*.**	metro*
			pennello*
			riga*
			sega*
Salutare e presentarsi in modo formale.	Buongiorno, sono..., Lei come si chiama? Sono... Piacere. Piacere.	Proposizione interrogativa con *come?* Proposizione dichiarativa. Verbo irregolare *essere*.	squadra*
			vernice*
			Gli animali
			gallina
			scoiattolo
Chiedere e dare informazioni sulle caratteristiche di un luogo.	Com'è Blunasia adesso? I fiumi sono secchi...	Proposizione interrogativa con *come?* Proposizione dichiarativa. **Plurale dei nomi e degli aggettivi.**	**La casa**
			ascensore*
			balcone*
			campanello*
			cancello*
			cantina*
			ingresso*
Comprendere ed eseguire brevi istruzioni orali e scritte.	Si taglia, si prende.	**Proposizioni dichiarative con il *si* impersonale.** **Aggettivi e pronomi possessivi (le tre persone plurali).**	pavimento*
			pianoterra*
			primo piano*
			scale*
			tetto*
			ultimo piano*
			L'abbigliamento
			stivale

FUNZIONI		MORFOSINTASSI	LESSICO
Descrivere le caratteristiche fisiche proprie e di altri.	Quanto pesi\a? Quanto sei\è alto\a? Peso\a ... kg. Sono\è alto\a ... cm.	Proposizione interrogativa con *quanto?* Proposizione dichiarativa. **Articoli determinativi** *lo* e *gli*.	**Luoghi e ambiente**
			fabbrica
			fosso
			valle
			Sport, tempo libero, vacanze
			squadra
			Oggetti e nomi vari
			base
			disegno
			forma
			legno
			meta
			motore
			parete
			tela
			Saluti e altre frasi fatte
			basta
			buongiorno, sono il signor...
			e allora?
			è vietato
			hai ragione
			non è possibile
			non è vero
			piacere
			silenzio
			Igiene personale
			spazzolino
			Quantità e misure
			altezza
			centimetro
			chilo
			metro
			portata massima
			Aggettivi qualificativi
			amaro
			bello

FUNZIONI	MORFOSINTASSI	LESSICO
		chiaro
		colorato
		forte
		leggero
		pesante
		primo
		strano
		ultimo
		veloce
		vietato
		Aggettivi possessivi
		loro
		nostro\a
		vostro\a
		I verbi
		cucire
		disturbare
		essere alti
		misurare
		pesare
		portare
		riparare
		sporcare
		stare in piedi
		stare seduto
		Avverbi di affermazione e negazione
		non ... mai
		Preposizioni
		al
		dalle
		dell'

Nota per il lessico:
i termini seguiti da asterisco (es. *ago**) hanno le corrispondenti figurine illustrate.

** Nota: gli elementi evidenziati in neretto nella colonna della morfosintassi vengono presi in esame nella sezione denominata *La mia grammatica*.

1 Ricordiamo

1.1 Inviti i bambini a osservare i cartelli di divieto che appaiono sul libro e chieda loro se ne ricordano il significato.

1.2 Disponga ora i bambini a coppie e chieda di collegare le frasi con le immagini corrispondenti. I bambini riusciranno a collegare la frase *"È vietato..."* pur non conoscendola, grazie all'aiuto dell'immagine accompagnata dal cartello del divieto.

1.3 Faccia ora leggere ai bambini le frasi complete.

2 Ascoltiamo

STORIA: dopo aver preso appuntamento con il signor Fumone, costruttore delle astronavi, i bambini e lo scienziato si recano alla fabbrica, ma prima di entrare devono superare molti ostacoli: il signor Fumone ha messo cartelli di divieto ovunque.

Testo del dialogo:

Scienziato:	Attenzione. È vietato aprire il cancello.
Cecilia:	Ma allora cosa si può fare?
Portiere:	Si può suonare il campanello.
Togo:	È vietato sporcare il pavimento dell'ingresso.
Bianca:	È vietato restare al pianoterra.
Portiere:	Si può andare al primo, al secondo e all'ultimo piano.
Pietro:	È vietato prendere l'ascensore.
Portiere:	Si può salire dalle scale.

2.1 Inviti ora i bambini ad osservare le immagini sul libro e chieda loro di prevedere ciò che accade. Chieda chi è alla finestra, perché secondo loro si nasconde, chieda che cosa è vietato fare, ecc.

2.2 Inviti ora ad ascoltare il dialogo una prima volta e a seguire sul libro le immagini che corrispondono a ciò che viene detto. Chieda una prima volta, in modo da assegnare un compito preciso già dal primo ascolto, che cosa è vietato fare.

2.3 Faccia ora osservare di nuovo il disegno e quindi passi a un secondo ascolto, cercando di precisare la Sua richiesta iniziale.

2.4 A questo punto inviti a leggere le frasi relative all'attività di Vero\Falso.

2.5 Faccia ascoltare una terza volta il dialogo e inviti a completare l'attività.

2.6 Infine disponga i bambini a coppie e chieda loro di confrontarsi sull'attività appena svolta.

2.7 Come verifica faccia ascoltare ancora una volta il dialogo e quindi fermi il cd a ogni frase corrispondente all'attività di Vero\Falso, invitando i bambini a leggere la frase con la risposta data.

3 Ascoltiamo e cantiamo una canzone

Dialogo introduttivo alla canzone:

Bianca:	Ma perché è vietato tutto?
Portiere:	Perché la fabbrica è anche la casa del sig. Fumone. Lui abita qui.

Testo della canzone: Il sig. Fumone è un tipo molto strano:
vive sempre in casa, su all'ultimo piano.
Lui dorme sul balcone, non dorme mai a letto
e spesso lui cammina di notte sopra il tetto.

E quando poi è stanco, perché è già mattina,
lui scende dalle scale e dorme giù in cantina.
Lui ha vietato tutto, non è mai contento.
È vietato camminare, si sporca il pavimento.

All'ingresso e al pianoterra è vietato anche parlare.
Si può andare al primo piano ma senza disturbare.
È vietato, ad esempio, aprire il cancello.
Però, certo, si può suonare il campanello.

Vietato è per tutti salire in ascensore.
Si può salire a piedi. Lo dice anche il dottore.
Insomma io vi dico: fate attenzione,
È un tipo molto strano il signor Fumone.

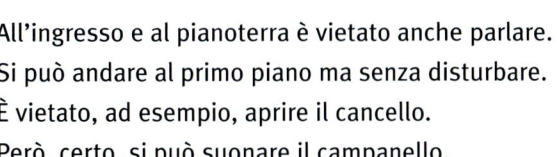

3.1 Prima di ascoltare la canzone faccia ascoltare e leggere le due battute di dialogo che servono a introdurre la canzone stessa. Chiarisca eventuali dubbi, poi passi subito a un'attività di elicitazione del lessico relativo alla casa. Provi cioè a costruire alla lavagna, con l'aiuto dei bambini, un diagramma a ragnatela, al cui centro scriverà la parola "*casa*". Chieda quindi che parole i bambini ricordano legate alla casa e le scriva alla lavagna. Da notare che nel dialogo dell'attività 2 di questo percorso sono già stati introdotti nuovi termini che verranno poi ripresi anche nella canzone (rappresentano uno degli obiettivi della canzone).

3.2 Passi all'osservazione delle immagini che rappresentano la canzone e chieda ai bambini chi è il personaggio rappresentato, dove vive, dove dorme, che cosa fa di notte e così via.

3.3 Proceda poi all'ascolto della canzone e mostri le figurine illustrate relative al lessico nuovo ogni volta che un nuovo termine viene introdotto.

3.4 Faccia riascoltare la canzone e ora provi a mimare le azioni del signor Fumone, invitando i bambini a seguirLa nei movimenti.

3.5 Quindi ponga nuovamente delle domande sulla comprensione del testo e soprattutto domande che aiutino a elicitare il lessico appena introdotto e le forme *"E' vietato…"* e *"Si può…"*. Ad esempio *"Dove dorme il signor Fumone?"*, *" A quale piano abita?"*, *"Dove cammina di notte?"*, *"Si può parlare al pianoterra?"*, *"Si può aprire il cancello?"*, *"Si può salire in ascensore?"*, o domande più generiche del tipo *"Che cosa è vietato fare?, Che cosa si può fare?"*.
A questo punto inviti qualche bambino a mimare la canzone mentre gli altri iniziano a cantarla.

3.6 Ora divida la classe in quattro gruppi e assegni a ogni gruppo una strofa da cantare e mimare. Se lo ritiene necessario, faccia la fotocopia della canzone e la distribuisca.

4 Giochiamo

4.1 Faccia osservare le figure delle due case e faccia trovare le differenze: dica che ci sono dieci differenze.

4.2 Quindi inviti i bambini a disporsi a coppie e confrontarsi oralmente sulle differenze trovate.

4.3 Infine si faccia dire da tutta la classe quali differenze sono state evidenziate e le scriva alla lavagna. Per fare questo divida la lavagna in due parti. Da una parte scriva *"Nella prima casa:"* e dall'altra *"Nella seconda casa:"* a cui segue uno schema come il seguente:

Nella prima casa:	*Nella seconda casa:*
C'è il tetto rosso.	C'è il tetto giallo.
Non c'è l'ascensore.	C'è un ascensore.

Ci sono il pianoterra e il primo piano.	Ci sono il piano terra, il primo piano e l'ultimo piano.
C'è una scala.	Ci sono due scale.
C'è il pavimento verde.	C'è il pavimento rosso.
C'è la cantina.	Non c'è la cantina.
C'è un balcone.	Ci sono due balconi.
L'ingresso è grande.	L'ingresso è piccolo.
Il cancello è aperto.	Il cancello è chiuso.
C'è il campanello.	Non c'è il campanello.

È importante scrivere le frasi alla lavagna perché così i bambini possono vedere scritto il lessico nuovo relativo alla casa.

5 Giochiamo

Questo gioco potrebbe permettere una revisione di molte strutture e del lessico incontrati nei percorsi e nei libri precedenti.

Divida la classe in due gruppi: ognuno deve preparare una specie di caccia la tesoro con le figurine illustrare relative al lessico della casa.
Ogni squadra, a turno, nasconde le 12 figurine in altrettanti punti della classe (l'altra squadra deve uscire dalla classe). Un rappresentante dell'altra squadra, guidato dai compagni, deve scoprire dove si trovano le figurine. Per poter guardare nei diversi punti della classe esistono però delle regole, cioè occorre dire delle frasi precise:
"Si può guardare qui?", e la risposta può essere *"Sì, si può"* (nel caso non ci sia nascosto niente), oppure *"No, è vietato. Prima si deve rispondere a una domanda"* (in questo caso la squadra che ha nascosto le figurine pone una domanda di qualunque tipo – da qui la possibilità di revisione di lessico e strutture - alla squadra avversaria. In caso di risposta corretta la squadra che cerca potrà prendere la figurina illustrata e dirne il nome ad alta voce. Altrimenti verrà posta un'altra domanda). Da notare che viene qui introdotta la forma *"Si deve"*, non ancora apparsa prima.

Vince la gara la squadra che riesce a trovare tutte le figurine con il minor numero di domande.

Molto importante, dunque, diventa anche la fase preparatoria del gioco, quando le due squadre devono separarsi e preparare, scrivendole, ciascuna un numero piuttosto elevato di domande da porre alla squadra avversaria.

6 Disegniamo e scriviamo

Inviti i bambini a disegnare nel riquadro la propria casa e a scriverne di fianco una breve descrizione, che poi Lei si farà leggere.

il dizionario illustrato

Inviti i bambini ad andare alla pagina XX degli allegati, a completare le didascalie e infine a ritagliare e incollare le figurine sul loro dizionario illustrato.

8 La mia grammatica

Inviti i bambini ad andare alla pagina 17 de *La mia Grammatica* e a completare le frasi relative al *"si"* impersonale.

9 Ascoltiamo

Testo del dialogo:

Scienziato:	Buongiorno, sono lo scienziato Alberto Unapietra e questi sono i miei amici. Lei come si chiama?
Fumone:	Sono il signor Fumone. Piacere.
Scienziato:	Piacere.
Fumone:	Perché siete venuti a parlare con me?
Scienziato:	Perché le astronavi hanno bucato le nuvole e il sole brucia Blunasia.
Fumone:	Non è vero. Non è possibile.
Scienziato:	Non è vero? Andiamo insieme a vedere.

9.1 Prima di procedere all'ascolto faccia osservare le immagini del dialogo e chieda ai bambini che cosa stanno dicendo i personaggi. Cerchi di fare costruire un dialogo vero e proprio, ponendo l'accento sui possibili modi per salutare una persona che non si conosce e anche sul motivo della visita a Fumone.
Per questa prima parte di attività divida i bambini a coppie e faccia scrivere loro un'ipotesi di dialogo.

9.2 Faccia poi leggere le varie ipotesi, eventualmente commentarle, e poi inviti la classe intera a fare una proposta di dialogo sulla base di quanto emerso dal lavoro a coppie e lo scriva alla lavagna.

9.3 A questo punto faccia ascoltare una prima volta il dialogo e inviti i bambini a individuare e scrivere i nomi di chi parla.

9.4 Proceda a un secondo ascolto e chieda ai bambini di indicare eventuali battute corrispondenti a quanto scritto alla lavagna.

9.5 Successivamente chieda di porre l'attenzione al modo in cui i due personaggi si salutano. Proceda dunque all'ascolto e si faccia poi dire dai bambini quanto hanno compreso, scrivendolo alla lavagna.

9.6 Può procedere a un ulteriore ascolto di verifica e quindi scrivere alla lavagna le forme di saluto formale: *"Buongiorno, sono il signor\la signora… Lei come si chiama?", "Buongiorno, io sono il signor \ la signora… . Piacere", "Piacere"*.

9.7 Una volta scritte le forma alla lavagna può invitare i bambini a inventarsi un personaggio immaginario e quindi a scambiarsi i saluti in modo formale, dandosi la mano quando dicono *"Piacere"*.

NOTA: nel caso in cui nella classe vi siano bambini di diverse nazionalità, può fare dire ai bambini i diversi modi di salutare formalmente e informalmente nelle loro lingue e quindi operare un confronto tra gli stessi.

10 Ascoltiamo una filastrocca

STORIA: i personaggi salgono sull'astronave e mostrano al signor Fumone i danni provocati dalle sue astronavi.		
Fumone:	Va bene. Allora, ditemi: com'è Blunasia adesso?	
Scienziato:		Caro signor Fumone, andiamo un po' a guardare com'è Blunasia adesso e che cosa si può fare. Le grandi astronavi, veloci, belle e forti, non possono volare, i cieli sono sporchi. Le piante erano verdi, adesso sono gialle, i fiumi sono secchi, non hanno più una valle. Un tempo le campagne erano belle e verdi, ora sono deserti. Se tu vai lì, ti perdi!

	I cieli erano azzurri, adesso sono rossi
	e gli alberi bruciati, caduti dentro ai fossi.
	Le foglie verdi e rosse, gialle e colorate,
	ormai non ci son più, sono tutte bruciate.
	E allora che facciamo, caro signor Fumone?
Fumone:	Abbiamo poco tempo, ho già una soluzione.
	Dobbiamo lavorare con gioia tutti insieme.
	Salviamo il pianeta. È questo che conviene.

10.1 Faccia osservare le immagini che rappresentano la filastrocca e le faccia descrivere ai bambini ponendo domande che mettano in evidenza il plurale dei nomi e degli aggettivi. Ad esempio: "*Come sono le foglie?*", "*Di che colore sono?*", "*E qui invece come sono, di che colore?*", ecc.

10.2 Passi all'ascolto della filastrocca, invitando i bambini a indicare sul loro libro le immagini corrispondenti.

10.3 Prima di ascoltare la seconda volta la filastrocca faccia leggere le frasi dell'attività di vero / falso.

10.4 Proceda dunque all'ascolto e inviti i bambini a cominciare a rispondere alle domande. Probabilmente saranno necessari più ascolti.

10.5 Faccia confrontare a coppie le risposte, proceda eventualmente a un ulteriore ascolto di verifica e infine si facci a leggere a voce alta quanto risposto.

10.6 Distribuisca quindi la seguente fotocopia della filastrocca e inviti i bambini completare, a coppie, il testo inserendo le desinenze giuste. Per permettere una verifica faccia nuovamente ascoltare la filastrocca.

10.7 Legga la filastrocca insieme ai bambini per verificare ancora la correttezza di quanto scritto e infine la faccia ripetere coralmente.

TESTO DA FOTOCOPIARE:

Scienziato: Caro signor Fumone, andiamo un po' a guardare
com'è Blunasia adesso e che cosa si può fare.
Le grand_ astronav_, veloc_, bell_ e fort_,
non possono volare, i ciel_ sono sporch_.

Le piant_ erano verd_, adesso sono giall_,
i fium_ sono secch_, non hanno più una valle.
Un tempo le campagn_ erano bell_ e verd_,
ora sono desert_. Se tu vai lì, ti perdi!

I ciel_ erano azzurr_, adesso sono ross_
e gli alber_ bruciat_, caduti dentro ai fossi.
Le fogli_ verd_ e ross_, giall_ e colorat_,
ormai non ci son più, sono tutte bruciat_.

E allora che facciamo, caro signor Fumone?

Fumone: Abbiamo poco tempo, ho già una soluzione.
Dobbiamo lavorare con gioia tutti insieme.
Salviamo il pianeta. È questo che conviene.

11 Scriviamo
Prima com'erano? Adesso come sono?

11.1 Faccia osservare le immagini e inviti i bambini dapprima a descrivere oralmente le immagini. Chieda, ad esempio, *"Come sono adesso le foglie? E prima com' erano?"*, ecc.

11.2 Chieda quindi ai bambini di lavorare individualmente e provare a scegliere gli aggettivi corrispondenti alle immagini riportati in fondo alla pagina e a scriverli nella didascalia.

11.3 Disponga i bambini a coppie e quindi faccia loro confrontare le risposte. Successivamente chieda di leggere ad alta voce l'intera frase.

12 Colleghiamo

12.1 Faccia collegare i sostantivi a un possibile aggettivo corrispondente ed eventualmente faccia formare ai bambini (in coppia) il maggior numero possibile di frasi.

13 Troviamo le differenze

Faccia osservare le immagini del libro dello studente e faccia segnare le differenze, quindi inviti i bambini a esporre oralmente le differenze trovate, con frasi del tipo: *"Nell' immagine 1 gli alberi sono verdi, nell' immagine 2 gli alberi sono gialli"*. Faccia attenzione alla correttezza formale delle frasi, dato che l'obiettivo è proprio la distinzione tra aggettivo plurale maschile o femminile.

CHIAVI:
Alberi verdi – Alberi gialli
Macchine verdi – Macchine gialle
Case grandi – Case piccole
Trattori grandi – Trattori piccoli
Fiori rossi – Fiori azzurri
Foglie rosse – Foglie azzurre
Cani neri – Cani marroni
Galline nere – Galline marroni
Gatti bianchi – Gatti neri
Scarpe bianche – Scarpe nere

14 Scriviamo

Questa attività è direttamente collegata all'attività precedente.

Faccia nuovamente ripetere le frasi legate alle differenze delle immagini e, prendendo sempre la prima differenza come esempio (*"alberi verdi - alberi gialli"*), inviti i bambini a osservare gli insiemi sul loro libro e chieda loro dove devono essere scritte le parole appena pronunciate, cioè *"Dove scriviamo - alberi - ? È maschile o femminile? E dove scriviamo questa parola?"* e così via.
Il fine è appunto quello di creare la distinzione tra maschile e femminile, soprattutto negli aggettivi. A tale proposito, negli insiemi relativi agli aggettivi, è stato creata l'immagine di un'intersezione dove appunto vanno inseriti quegli aggettivi che possono essere sia maschili che femminili.

Sarà dunque compito Suo far ripetere, come detto, i vocaboli e gli aggettivi delle immagini precedenti e indurre i bambini a dire autonomamente in quali cerchi debbano essere scritti.

15 La scatola magica

La scatola magica è uno strumento che si è già utilizzato in **Girotondo 1**.

15.1 Chieda dunque ai bambini se ricordano la scatola e la sua funzione.

15.2 Faccia poi osservare le immagini di esempio e successivamente faccia lavorare i bambini a coppie e li inviti a completare le didascalie dei disegni sottostanti.

15.3 Come verifica faccia leggere a voce alta quanto scritto.

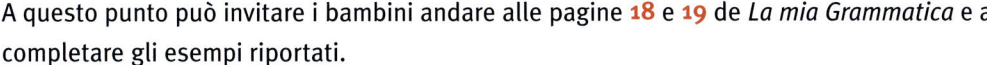

16 La mia grammatica

A questo punto può invitare i bambini andare alle pagine **18** e **19** de *La mia Grammatica* e a completare gli esempi riportati.

17 Ascoltiamo una filastrocca

STORIA: Fumone decide dunque di costruire nuove astronavi a vela che non inquinano più il pianeta. Con queste astronavi andranno poi tutti a riparare le nuvole danneggiate dal fumo delle astronavi più vecchie.

Dialogo introduttivo:

Bianca:	Allora qual è la soluzione?
Fumone:	Facciamo nuove astronavi e andiamo a riparare le nuvole.
Pietro:	Ma come?
Fumone:	Ascoltate.

Testo della filastrocca

Si studia la forma, si prende il compasso,
si prende la riga, si inizia il disegno.
Le nuove astronavi: che bello, che spasso.
Non c'è più il motore. È tutto di legno.

Si prende il legno e poi si misura
col metro, la squadra e una matita.
Si prende una sega, si taglia con cura.
Che bell'astronave, è quasi finita.

S'incolla il legno, si prende il martello,
si inchioda la base, i chiodi son tanti.
Vai con le pareti, ma guarda che bello.
Attenti alle dita! Mettetevi i guanti.

E per il colore, si prende un pennello.
Ma non mi ricordo dov'è la vernice.
È dentro un armadio, o questo o quello.
È qui, l'ho trovata. Ora sono felice.

E poi per volare si taglia una tela.
Con l'ago ed il filo si cuce per bene.
Si prende una corda, si alza la vela.
Si parte nel cielo poi si vola insieme.

17.1 Prima di ascoltare la filastrocca faccia osservare le immagini sul libro dello studente e inviti i bambini e prevedere cosa succederà o cosa verrà detto nella filastrocca. Le immagini sono piuttosto evidenti, per cui risulta facile prevedere la storia.

17.2 Osservando sempre le immagini sul testo, chieda ai bambini se già conoscono il nome degli oggetti utilizzati per costruire l'astronave (*"Come si chiama questo in italiano?"*). Non dia però la risposta, dato che l'individuazione del nome degli oggetti sarà il primo compito dei bambini al momento dell'ascolto.

17.3 Passi dunque all'ascolto. Il breve dialogo che precede la filastrocca è di facile comprensione e serve semplicemente a introdurre la filastrocca stessa. Prima di ascoltare inviti dunque i bambini a porre attenzione al nome degli oggetti che vengono citati.

17.4 Proceda a un ulteriore ascolto e chieda ai bambini di ripetere i nomi che sono riusciti a individuare.

17.5 Per il successivo ascolto usi le sue figurine illustrate e le sollevi al momento in cui vengono citate. Quindi le disponga sparse per la classe e, ascoltando di nuovo la filastrocca, inviti bambini a indicarle nel momento in cui ne sentono il nome.

17.6 A questo punto può passare a una seconda fase degli ascolti della filastrocca, quella mirata alla comprensione delle forme impersonali. Per attirare l'attenzione dei bambini, chieda innanzitutto che cosa sta facendo Fumone (costruisce un'astronave) e soprattutto come sta costruendo l'astronave. A tal fine Le consigliamo di scrivere alla lavagna la domanda *"Che cosa si fa?"*.

17.7 Proceda a un nuovo ascolto e chieda appunto che cosa si deve fare, scrivendo alla lavagna le eventuali risposte.

17.8 Consegni poi la fotocopia del testo seguente della filastrocca e inviti i bambini a completarla:

     ___ _____ la forma, ___ _____ il compasso,
     ___ _____ la riga, ___ _____ il disegno.
     Le nuove astronavi: che bello, che spasso.
     Non c'è più il motore. È tutto di legno.

     ___ _____ il legno e poi ___ _____
     col metro, la squadra e una matita.
     ___ _____ una sega, ___ _____ con cura.
     Che bell'astronave, è quasi finita.

     ___ _____ il legno, ___ _____ il martello,
     ___ _____ la base, i chiodi son tanti.
     Vai con le pareti, ma guarda che bello.
     Attenti alle dita! Mettetevi i guanti.

     E per il colore, ___ _____ un pennello.
     Ma non mi ricordo dov'è la vernice.

È dentro un armadio, o questo o quello.
È qui, l'ho trovata. Ora sono felice.

E poi per volare ____ _____ una tela,
Con l'ago ed il filo ____ _____ per bene.
____ _____ una corda ____ _____ la vela.
____ _____ nel cielo, poi ____ _____ insieme.

17.9 Se lo ritiene necessario proceda a diversi ascolti così da permettere ai bambini di completare il testo. Quindi come verifica comune, faccia ripetere insieme la filastrocca permettendo di leggerla.

18 Leggiamo e indoviniamo

Testo degli indovinelli:

Si può fare con la tela, si misura con il metro, si taglia con la forbice, si cuce con l'ago. Che cos'è? **Il vestito, oppure la vela, o altro abbigliamento.**

Si può fare con il legno, si taglia con la sega, si misura con il metro, si inchioda con il martello, si pittura con la vernice, si mette in casa. Che cos'è? **Il tavolo, oppure la sedia o altre cose simili.**

18.1 Inviti i bambini a disporsi a coppie e a leggere gli indovinelli proposti.

18.2 Giri tra i bambini per verificare le risposte, che possono essere anche diverse da quelle date, quindi chieda di riportare le loro risposte all'intera classe.

18.3 Ora chieda loro (sempre a coppie) di inventare degli indovinelli simili a quelli appena letti e scriverli su un foglio.

18.4 Inviti ora i bambini a proporre gli indovinelli scritti al resto della classe e scriva le possibili risposte alla lavagna.

19 Disegniamo

In questa attività molto libera ogni bambino disegna la propria astronave e prova a scrivere le istruzioni per realizzarla nelle righe sottostanti la figura disegnata.

20 Che cosa dice Bianca?

Testo:

Bianca:	Forza ragazzi! Costruiamo anche noi la nostra astronave. Io e Pietro misuriamo il legno. Ecco il nostro compasso, il nostro metro e la nostra squadra. Cecilia, Togo! Voi tagliate il legno e inchiodate. Portate la vostra sega, il vostro martello e i chiodi. Poi ci sono anche lo scienziato e gli altri bambini della terra. Loro dipingono l'astronave: devono prendere la loro vernice e il loro pennello. Poi tutti insieme prepariamo la nostra vela e voliamo in cielo con la nostra astronave.

20.1 Faccia ascoltare una prima volta il testo con le parole di Bianca e faccia osservare sul libro dello studente l'esempio con la parola *"compasso"*.

20.2 Inviti quindi i bambini a scrivere negli appositi spazi le parole riferite agli altri personaggi, cioè le cose che ciascuno deve portare per la costruzione dell'astronave. Deve fare attenzione a far scrivere le parole nei puntini giusti, cioè è necessario lasciare lo spazio per l'articolo e il successivo aggettivo possessivo.

20.3 Come verifica del lessico, faccia leggere le parole scritte, quindi passi a un ulteriore ascolto durante il quale i bambini dovranno focalizzare l'attenzione sugli aggettivi possessivi.

20.4 Faccia scrivere, come esempio, *"il nostro compasso"* e inviti quindi i bambini ad ascoltare e scrivere i possessivi di fianco al nome che hanno appena scritto.
Se necessario, esegua diversi ascolti.

20.5 Infine faccia leggere quanto scritto come verifica.

21 Il dizionario illustrato

A questo punto può invitare i bambini ad andare alla pagina XXI degli allegati e a completare le didascalie delle figurine illustrare da incollare sul dizionario illustrato. Se lo ritiene opportuno, per non spezzare il ritmo della lezione, può far svolgere questa attività a casa, dato che i bambini hanno già visto e scritto alcune volte le parole delle didascalie.

22 Giochiamo: siamo tutti attori!

Testo:

Scienziato:	La nostra astronave, la vostra astronave, la loro astronave. No, bambini, no! Lavoriamo tutti insieme. Il nostro martello è anche il vostro martello ed è anche il loro martello! Dobbiamo salire in cielo e riparare le nuvole. Questo è il problema. E allora, quando c'è un grande problema, sapete che cosa succede? Succede che il nostro problema è anche il vostro problema ed è anche il loro problema. È il problema di tutti!
Fumone:	Il nostro, il vostro, il loro, la nostra, la vostra, la loro. Basta parlare. Silenzio e lavorate. Costruiamo le astronavi a partiamo.

22.1 Faccia ascoltare il dialogo una prima volta a libro chiuso e cerchi di mimarlo con molta enfasi e chiarezza, dato che l'obiettivo di questa attività è quello di far mimare tutti i bambini. Importante è mimare bene i possessivi, uno degli argomenti di questa fase del percorso.

22.2 Al secondo ascolto inviti i bambini a mimare con Lei, dicendo poi che ognuno dovrà in seguito mimare recitando il testo a coppie. Esegua, se necessario, più ascolti.

22.3 Successivamente faccia aprire il libro dello studente a faccia completare il cloze a coppie, senza ascoltare il dialogo. Una volta che i bambini hanno dato le prime risposte, faccia loro ascoltare nuovamente il dialogo come verifica di quanto hanno fatto.

22.4 Faccia leggere qualcuno a voce alta, in modo da verificare la correttezza del testo, quindi passi alla fase successiva dell'attività, cioè al mimo.

22.5 Inviti i bambini a lavorare a coppie e a preparare una "scenetta" in cui si rappresenti (mimo e recitazione) il testo (che può essere letto o, ancor meglio, recitato a memoria). Una volta che i bambini sono pronti, li inviti a rappresentare la propria scena alla classe.

23 La mia grammatica

Inviti i bambini ad andare alle pagine **20** e **21** de *La mia Grammatica* e a completare gli schemi presenti, relativi agli aggettivi possessivi.

24 Ascoltiamo una filastrocca

Testo del dialogo introduttivo:

Togo:	Avete sentito che cosa hanno detto il signor Fumone e il scienziato!
Bambini:	Chi?
Togo:	Il signor Fumone e il scienziato.
Bianca:	Si dice lo scienziato.
Togo:	Come? Il sole, il sasso, il succo, il salotto. Ma allora, perché lo scienziato?

24.1 Prima dell'ascolto del dialogo introduttivo faccia osservare le immagini e chieda perché i bambini si stupiscono.

24.2 Inizi l'ascolto del dialogo introduttivo invitando i bambini a osservare di nuovo le immagini. Quindi chieda ancora perché i bambini si stupiscono. Appare già evidente la differenza dell'articolo, per cui chieda ai bambini se sanno o riescono a capire perché si usano due articoli diversi per parole maschili. Li inviti soprattutto a ricorda parole già incontrate che hanno come articolo *"lo"* (specchio, zio, zoo, studente, ecc.)

24.3 Una volta annotate le supposizioni dei bambini, passi dunque all'ascolto della filastrocca.

Bianca: Ascolta e leggi questa filastrocca:

Certo, Togo, è diverso.
E perché? Io non lo dico.
Però faccio qualche esempio,
poi vediamo se hai capito.

Lo scienziato e lo studente
come il sasso, il succo e il sole
hai ragione, hanno la "s",
però, attento alle parole.

Pensa tu ad altre parole,
ad esempio, guarda il secchio,
anche questa ha la "s"
ma non è come lo specchio.

Qui non è la prima lettera
la cosa più importante.
Se c'è "lo", dopo la "s"
trovi un'altra _____ . (consonante)

E poi "lo" tu l'hai già visto
e più volte, dico io.
Il fratello della mamma,
ti ricordi? È _____ (lo zio)

Quando tu fai colazione
e il latte è un po' amaro.
Cosa metti dentro il latte?
Ma _____, è chiaro. (lo zucchero)

Guarda un po' queste parole
e sei vicino alla meta.
Dopo "lo" non c'è la "s".
Tutte iniziano con "__". (zeta)

24.4 Dato che questa volta il testo della filastrocca è scritto, Le consigliamo di procedere al primo ascolto a libro chiuso, invitando i bambini ad annotare le parole che riescono a sentire. Nel caso proceda a più ascolti.

24.5 Si faccia dire le parole che sono emerse ed eventualmente le scriva alla lavagna. L'obiettivo è portare i bambini a ragionare ulteriormente sulle parole che richiedono l'articolo *"lo"*.

24.6 Esegua successivamente un ascolto a libro aperto, invitando i bambini a osservare le parole ed eventualmente a completare la filastrocca scrivendo le parole mancanti.

24.7 Prosegua con gli ascolti, fino a che tutti non abbiano completato la filastrocca con le parole mancanti, e infine la faccia recitare alla classe.

25 Ascoltiamo e scriviamo con la scatola magica

Testo:
1 sasso – 2 zaino – 3 scoiattolo – 4 specchio – 5 spazzolino – 6 supermercato – 7 stivale – 8 zio – 9 zucchero – 10 succo – 11 scivolo – 12 serpente – 13 sole – 14 scienziato.

25.1 Faccia dapprima osservare le immagini sul libro dello studente e chieda ai bambini di identificare e nominare le immagini. Sarebbe necessario dire il nome con il relativo articolo, per cui dia Lei l'esempio dicendo *"Questo è il sasso. E questo che cos'è?"*, invitando i bambini a rispondere.

25.2 Proceda quindi al primo ascolto e inviti i bambini a numerare le immagini in base all'ordine di ascolto.

25.3 Faccia correggere i numeri a coppie e quindi proceda a un ulteriore ascolto per permettere ai bambini di verificare quanto hanno scritto.

25.4 Successivamente mostri gli esempi delle ceste sul libro dello studente e chieda ai bambini di dividere le parole nelle due ceste, in base all'articolo che le precede.

25.5 Faccia prima verificare a coppie e poi verifichi con tutta la classe il tipo di suddivisione eseguito.

25.6 Infine inviti i bambini a "far passare" le parole attraverso la scatola magica e a scrivere i plurali delle stesse. Quindi chieda nuovamente di verificare a coppie quanto scritto e da ultimo esegua una verifica con tutta la classe.
I bambini conoscono già il plurale *"gli"*, incontrato con le parole maschili che iniziano per vocale, per cui abbiamo ritenuto sufficiente introdurre lo stesso articolo unitamente al singolare.

26 La mia grammatica

Inviti i bambini ad andare alla pagina **22** de *La mia Grammatica* e a completare le immagini rappresentate.

27 Ascoltiamo

STORIA: dopo aver costruito le astronavi, tutti partono verso il cielo a riparare le nuvole.	
Fumone:	Bene, partiamo. Ma... attenzione! Le astronavi sono piccole e leggere.
Scienziato:	Sì, hai ragione. Le astronavi possono portare solo 100 chili.
Bianca:	Allora su una astronave possono salire solo due o tre bambini.
Fumone:	Ah! Un'altra cosa. Le astronavi sono basse.
Bianca:	E allora?
Fumone:	I bambini possono stare in piedi, ma i grandi devono stare seduti.

27.1 Prima di ascoltare il dialogo faccia osservare le immagini che lo rappresentano e inviti i bambini a descrivere le astronavi, chiedendo eventualmente quali e quante persone possono salire.

27.2 Proceda a un primo ascolto invitando i bambini ad annotare come sono in effetti le astronavi.

27.3 Prima del secondo ascolto faccia leggere le domande relative all'attività di scelta multipla, quindi faccia ascoltare nuovamente il dialogo e inviti i bambini a rispondere alle domande.

27.4 Inviti i bambini a confrontare, in coppia, le loro risposte, e infine le faccia leggere a voce per una verifica finale.

28 Ascoltiamo e giochiamo

Fumone:	Prepariamo le squadre. Bambini, dobbiamo sapere quanto pesate e quanto siete alti. Tu, Bianca, quanto pesi?
Bianca:	26 chili.
Fumone:	E quanto sei alta?
Bianca:	1 metro e 25 centimetri.
Fumone:	E tu, Togo?
Togo:	Peso 32 chili e sono alto 1 metro e 36.
Fumone:	E Cecilia?
Cecilia:	Peso 28 chili e sono alta 1 metro e 26.
Fumone:	Bene, 26 più 32 più 28 fa 86 chili. Nessuno è alto più di un metro e mezzo. Potete andare tutti su una sola astronave e stare in piedi. Vediamo ora gli altri bambini.

28.1 Faccia osservare dapprima le immagini sul libro dello studente e chieda che cosa sta succedendo tra i vari personaggi. Si tratta, come al solito, di un modo per fare entrare i bambini nella storia narrata stimolando la loro capacità di previsione e le loro aspettative.

28.2 Faccia ascoltare il dialogo una prima volta invitando i bambini a cercare di comprendere che cosa chiede il signor Fumone ai bambini. Chieda appunto *"Che cosa domanda il signor Fumone?"*.

28.3 Per l'ascolto successivo inviti i bambini a leggere le domande sul loro libro e a cercare di rispondere (meglio se i bambini lavorano in coppia). Probabilmente sono necessari alcuni ascolti.

28.4 Verifichi oralmente con tutta la classe quanto è stato scritto e quindi proceda alla seconda parte dell'attività, sottolineando quanto afferma il signor Fumone con le sue ultime parole *"Vediamo ora gli altri bambini"*. Riprenda proprio le parole di Fumone e inviti la classe a "formare gli equipaggi" che dovranno salire sulle astronavi.

Sul libro dello studente sono scritte le domande che i bambini devono porsi reciprocamente per formare i gruppi. In pratica, come è emerso dalle parole del signor Fumone e dello scienziato, le astronavi hanno una portata massima di 100 Kg e sono alte al massimo 1,50, per cui chi è più alto può solo stare seduto, mentre chi è più basso può stare anche in piedi.

I bambini devono dunque "completare" le astronavi scrivendo il nome, il peso e l'altezza dei componenti dell'equipaggio. Durante il lavoro di gruppo giri per la classe ascoltando quanto viene detto e infine chieda a tutti da chi sono formate le astronavi: i bambini devono ripetere nome, peso e altezza, con frasi del tipo *"Sull' astronave numero 1 ci sono Paola, Andrea e Franco. Paola pesa 35 chili ed è alta 1 metro e trentacinque, Andrea...".*

29 Cantiamo una canzone

Testo completo:

Ma com'è bello volare nel cielo.
Tutti in silenzio, spinti dai venti.
Senza rumore, noi siamo contenti.
Senza motore, senza fumo nero.

Guarda che roba, è tutta bruciata.
Ma dov'è l'ago? Dobbiamo cucire.
C'è anche il filo, possiamo finire
tutto il lavoro in una mattinata.

Forza ragazzi, ora lavoriamo.
Cuciamo bene. Facciamo in fretta.
Guarda che nuvola. È quasi perfetta.
Se siamo bravi, tra poco finiamo.

Una nuvola ancora, una nuvola cucita.
Ora andiamo tutti a casa, l'avventura è finita.

Il cielo è a posto, Blunasia è protetta.
E le nuove astronavi non sporcano più.
Possiam volare nel cielo o più su.
È come viaggiare in bicicletta.

È tutto a posto e siamo felici,
ma c'è qualcosa che dobbiamo dire:
ora che la storia sta per finire
dobbiamo lasciare i nostri amici.

Siamo sicuri che ci rivedremo.
Questa amicizia deve proseguire.

È così bello che non può finire.
Un giorno o l'altro noi ci rivedremo.

Una nuvola ancora, una nuvola cucita,
Ora andiamo tutti a casa, l'avventura è finita.

29.1 Faccia osservare le immagini che rappresentano la canzone e inviti i bambini a ricostruire l'ordine cronologico delle stesse. Cerchi cioè di far prevedere e quindi raccontare la storia legata alla canzone. Si tratta di un modo per potere rivedere forme, lessico e strutture incontrati nei percorsi precedenti.

29.2 Proceda ora a un primo ascolto della canzone e inviti i bambini a numerare le immagini in base all'ordine di ascolto. In questo modo può anche verificare assieme ai bambini le ipotesi da loro fatte.

29.3 Inviti ora i bambini a leggere il testo della canzone e a completare a coppie il cloze in base alle loro supposizioni, senza ascoltare la canzone di nuovo.

29.4 Faccia infine ascoltare la canzone nuovamente, in modo che i bambini possano terminare il cloze, quindi inviti i bambini a cantare tutti insieme la canzone.

Campionato dei ricordi

 ## 1 Che cosa è vietato fare?

1.1 Divida come al solito la classe in squadre di quattro bambini ciascuna e inviti i bambini a confrontarsi tra di loro e successivamente a scrivere le didascalie sotto le immagini di divieto.

Possibili risposte: È vietato aprire il cancello.
È vietato prendere l'ascensore.
È vietato suonare il campanello.
È vietato dormire sul balcone.
È vietato andare in cantina.
È vietato mangiare in camera da letto.

1.2 Assegni un punto a ogni risposta esatta. Inoltre assegni un bonus di 10 punti alla squadra che consegna per prima tutto il lavoro corretto, 8 punti alla seconda e così a scalare di due punti in due punti.

2 Lanciamo la palla

2.1 Divida la classe possibilmente in quattro squadre, che disputeranno due semifinali e una finale. Le squadre eliminate nelle semifinali ottengono due punti di consolazione. La squadra prima classificata riceve dieci punti e la seconda sei.

2.2 Ogni squadra deve scrivere almeno dieci sostantivi al plurale. A turno un bambino di una squadra lancia una palla alla squadra avversaria nominando uno dei sostantivi scelti. Il bambino che riceve la palla deve a sua volta rispondere con un adeguato aggettivo al plurale. Se la risposta è corretta la squadra riceve un punto e ha diritto a rispondere nuovamente. Se la risposta è errata, tocca alla squadra stessa porre la domanda alla squadra avversaria. Vince la partita chi arriva a dieci punti.

3 Troviamo le parole

U	L	T	I	M	O	P	I	A	N	O
X	A	B	D	F	G	I	I	R	G	P
S	H	A	G	C	Z	A	N	Q	C	R
C	K	L	J	A	M	N	G	F	A	I
A	S	C	E	N	S	O	R	E	N	M
L	R	O	X	C	Z	T	E	T	T	O
E	A	N	M	E	N	E	S	V	I	P
O	P	E	L	L	G	R	S	D	N	I
C	D	V	B	L	E	R	O	F	A	A
Q	S	D	G	O	J	A	K	L	Y	N
W	C	A	M	P	A	N	E	L	L	O
K	P	A	V	I	M	E	N	T	O	N

3.1 Divida la classe in squadre di quattro bambini e faccia trovare le parole (qui evidenziate in neretto) che poi devono essere scritte nelle righe sottostanti in corrispondenza dell'articolo corretto.

3.2 Vince dieci punti la squadra che consegna correttamente per prima tutte le parole scritte, vince otto punti la seconda e così via a scalare di due punti.

4 Scriviamo le parole e giochiamo

4.1 Divida sempre la classe in squadre di quattro bambini. Ogni squadra deve dapprima scrivere la didascalia corretta sotto le immagini raffigurate nel libro dello studente. Prima di procedere nel gioco, verifichi che tutte le parole siano state scritte correttamente, per non compromettere la prosecuzione del gioco stesso.

4.2 Successivamente le squadre preparano la tabella con le parole da ricercare (in orizzontale e verticale). Si faccia consegnare le tabelle: vince cinque punti la squadra che per prima consegna la tabella completa. Quattro punti vanno alla seconda, e così a scalare fino alle ultime che ricevono solo un punto.

4.3 Una volta completate le tabelle, le squadre gareggiano a eliminatoria diretta una contro l'altra cercando di trovare le parole inserite dalla avversaria (si dovranno scambiare i libri).
Vince 5 punti la squadra prima classificata e così a scalare di un punto per le squadre successive.

5 La rana e il fiume

Gioco della rana e del fiume per fare un riepilogo delle strutture.

Suddivida la classe in squadre di quattro.
Dapprima esegua il gioco indicato sul libro di testo. I bambini devono riordinare correttamente la frase, in modo da poter attraversare il fiume e raggiungere il regalo che c'è sull'altra sponda.

Successivamente inviti i bambini ad andare alle pagine XXII e XXIII degli allegati, dove incontreranno una serie di sassi da ritagliare e da incollare nell'ordine corretto.

Faccia incollare tutti i sassi (frasi) su dei fogli quindi si faccia consegnare i lavori, attribuendo come al solito un punto a ogni risposta esatta. Faccia una croce di fianco alle frasi errate, poi scriva alla lavagna tutte le risposte corrette, in modo che i bambini verifichino dove hanno sbagliato.
Nel caso avesse poco tempo a disposizione può semplicemente fare scrivere le frasi su un foglio, senza far tagliare e incollare le pietre. Quindi si faccia consegnare quanto scritto e riscriva le forme corrette alla lavagna.

La seconda fase dell'attività può essere svolta individualmente dai bambini e consiste nel collegare le frasi (due a due) che possono stare insieme. Dia l'esempio con la prima *"Che cosa è vietato?"*, *"È vietato aprire il cancello"*. I bambini devono tagliare le frasi e reincollarle su un altro foglio nell'ordine corretto (in caso di mancanza di tempo si ricorda quanto detto nel paragrafo precedente).
Per questa attività conceda 15 minuti di tempo e alla fine del lavoro si faccia consegnare i nuovi fogli, assegni un punto a ogni domanda e risposta esatte. Il primo che consegna il lavoro tutto corretto prima dello scadere

dei 15 minuti avrà diritto a un bonus di 8 punti, il secondo 6, il terzo 4 e il quarto 2. Nel caso di errori riscontrati nei lavori consegnati prima dello scadere del tempo, non si ha diritto a nessun bonus.

Riportiamo qui le frasi mescolate e quelle corrette, nell'ordine finale. Negli allegati del libro dello studente le frasi hanno chiaramente un ordine sparso.

cosa, vietato, ?, che, è	Che cosa è vietato?
vietato, il, aprire, è, cancello	È vietato aprire il cancello.
si, fare, ?, cosa, può, che	Che cosa si può fare?
il, può, campanello, suonare, si	Si può suonare il campanello.
dormire, si, balcone, può, ?, sul	Si può dormire sul balcone?
può, non, no, si	No, non si può.
in, può, cucina, mangiare, ?, si	Si può mangiare in cucina?
si, può, sì	Sì, si può.
cosa, ?, fare, si, che, deve	Che cosa si deve fare?
scuola, deve, a, si, andare	Si deve andare a scuola.
come, Lei, ?, buongiorno, si, chiama	Buongiorno, Lei come si chiama?
chiamo, buongiorno, Fumone, mi	Buongiorno, mi chiamo Fumone.
sono, piacere, Unapietra, signor, il	Piacere, sono il signor Unapietra.
Togo, piacere	Piacere, Togo.
sono, le, adesso, ?, piante, come	Come sono adesso le piante?
piante, verdi, le, sono	Le piante sono verdi.
fa, come, ?, un', si, astronave	Come si fa un'astronave?
il, si, poi, si, il, legno, disegno, fa, taglia	Si fa il disegno poi si taglia il legno.
è, ?, chi, compasso, di, questo	Di chi è questo compasso?
nostro, il, è	È il nostro.
la, è, riga, vostra, ?, questa	È questa la vostra riga?
questa, no, riga, la, è, loro	No, questa è la loro riga.
succo, lo, il, piace, ?, con, ti, zucchero	Ti piace il succo con lo zucchero?
non, piace, no, mi	No, non mi piace.

Attività con le figurine illustrate

Oltre ai giochi già visti più volte nelle attività dei vari percorsi ("Tombola", "L'impiccato", "Passaparola", ecc.), riportiamo qui una serie di attività a scelta da effettuare con le figurine illustrate. Si tratta di brevi indicazioni che Lei può modificare a Suo piacimento in base alle necessità della classe.

Attività 1
Prenda delle figurine illustrate relative a un determinato campo semantico. L'attività può essere utile per memorizzare e/o consolidare lessico già presentato.
Chieda a un bambino di tenere in un mazzo le figurine illustrate in modo che gli altri bambini non vedano la prima carta.
Inizi Lei a cercare di indovinare ciò che si nasconde sotto la prima carta coperta ponendo una domanda del tipo "*È un maglione?*" (nel caso si trattasse del campo semantico relativo all'abbigliamento). Il bambino che tiene le figurine deve girare la prima carta e rispondere "*Sì*" o "*No*".
Il gioco prosegue fino a quando un bambino indovina e riceve un punto. Si passa poi alla carta successiva.

Attività 2
Prenda le figurine illustrate e le disponga sulla cattedra chiamando i bambini intorno a Lei, oppure le attacchi alla lavagna.
Scelga una figurina senza dirlo e ne scriva il nome su foglio, senza che i bambini possano vederlo. Inviti ora i bambini a indovinare ciò che ha scelto e prosegua sino a che un bambino non indovina. A questo punto dovrà mostrare il nome della figurina illustrata che aveva precedentemente annotato.

Attività 3
Questa attività potrebbe essere la prosecuzione della precedente ma il gioco viene svolto a coppie.
Un bambino scrive su un foglietto il nome della figurina scelta e l'altro deve cercare di indovinare.

Attività 4
Prenda delle figure illustrate relative a un determinato campo lessicale e prepari altrettanti cartoncini con scritte delle frasi relative alle figure stesse. Prenda le figurine illustrate e le disponga in un mazzo sulla cattedra; prenda poi i cartoncini con le frasi e li disponga in ordine sparso sempre a faccia in giù.
I bambini giocano a coppie: il bambino A prende una figura illustrata dal mazzo e un cartoncino con la frase; insieme decidono se la frase corrisponde alla figura. Se le due carte corrispondono il bambino A vince entrambe le carte. Se invece le carte non corrispondono la figurina illustrata viene riposta sotto al mazzo e il cartoncino con la frase viene rimesso al suo posto a faccia in giù.
Il gioco prosegue con l'altro bambino B che ricomincia a prendere le figurine e i cartoncini con le frasi.
Alla fine vince chi ha raccolto più carte.

Attività 5
Scelga un gruppo di figurine illustrate con le quali intende far costruire una storia ai bambini.
Inizi con la prima figurina e dia Lei inizio a una descrizione della stessa che possa avviare i bambini a costruire una storia. Poi passi le figurine a un altro bambino il quale scopre una seconda carta e continua la storia appena iniziata. Quando le carte sono quasi alla fine ricordi ai bambini che la storia sta per finire invitandoli quindi a pensare a una possibile conclusione.
Quando la storia è terminata inviti i bambini a ripeterla ed eventualmente a disegnarla su un foglio o a scriverla.

Attività 6
La precedente attività può essere fatta a piccoli gruppi. Ogni gruppo costruisce una storia diversa e dispone su un banco le figurine illustrate nella sequenza con cui è stata costruita la storia. Alla fine si scambiano i gruppi. Ciascun gruppo deve cercare di ricostruire la storia di un altro gruppo in base alla sequenza con cui le figurine sono state disposte.

Attività 7
Mostri delle figurine illustrate e distribuisca dei biglietti sui quali ha precedentemente scritto delle frasi relative alle figurine. Tra queste frasi ce ne sono alcune che non corrispondono. I bambini a coppie devono cercare di trovare le frasi che non c'entrano. Vince la coppia che per prima scopre la differenza.

Attività 8
In questa attività mostri ai bambini una serie di figurine illustrate. Per ciascuna figurina inventi una frase vera o falsa. I bambini ripetono la frase solo se corrisponde alla figurina. Provi a giocare dapprima Lei con l'intera classe attribuendo un punto a Lei stessa ogni volta che i bambini sbagliano e attribuendo un punto alla classe ogni volta che i bambini ripetono correttamente.
Può poi far proseguire il gioco a coppie o piccoli gruppi.

Attività 9
Disponga due mazzi di figurine illustrate a faccia in giù su un banco. Inviti i bambini a scoprire più coppie possibili (ad esempio azioni e parti del corpo, oggetti scolastici e verbi relativi) e a formare una frase di senso compiuto.
I bambini possono giocare a coppie. Lei controlla il tempo che impiegano i bambini per formare le coppie e le relative frasi. Alla fine vince la coppia che ha impiegato il minor tempo completando coppie e frasi in modo corretto.

Attività 10
Prenda un mazzo di figurine e copra temporaneamente le immagini lasciando scoperto un angolo.
Mostri le figurine molto velocemente ai bambini i quali dovranno indovinare di che immagine si tratta.
Decida anticipatamente il campo semantico, in base alle attività di revisione o consolidamento che intende sviluppare.

Attività 11
L' attività seguente serve per consolidare il lessico presentato. Scelga un gruppo di figurine illustrate e le disponga in parti diverse della classe attaccandole ad esempio alla lavagna, alla finestra o alla porta. Mentre distribuisce le carte i bambini ne ripetono il nome; successivamente Lei pronuncerà il nome della carta e i bambini dovranno indicare la figurina illustrata.

Attività 12
Mostri ai bambini alcune figurine illustrate. Le esponga in qualche modo, o alla lavagna o alla parete. Conceda un brevissimo periodo di tempo per osservarle quindi inizi Lei pronunciandone il nome silenziosamente. I bambini dovranno indovinare di cosa si tratta leggendo le Sue labbra. Chi indovina ha a sua volta il diritto di pronunciarne il nome silenziosamente.

Attività 13
L'attività precedente potrebbe anche essere svolta in questo modo: dopo aver mostrato alcune figurine illustrate, dice ai bambini che penserà ad una di esse e cercherà di trasmetterla con il pensiero. I bambini dovranno cercare di indovinare la carta pensata. Prosegua il gioco facendo venire i bambini a turno al suo posto.

Attività 14
Prenda un mazzo di figurine illustrate e scoprendo la prima ne dica il nome: potrà dirne il nome corretto oppure sbagliato. Se il nome è giusto i bambini battono una mano sul banco, se è sbagliato restano in silenzio. I bambini che battono le mani quando è necessario stare in silenzio sono fuori dal gioco. Vince l'ultimo che rimane in gioco.

Attività 15
Mostri cinque figurine illustrate in cui ve ne sia una che non appartenga allo stesso campo semantico. I bambini devono individuare la figurina che non c'entra.

Attività 16
Divida la classe in due squadre. Attribuisca a ogni squadra alcune figurine illustrate scrivendone il nome alla lavagna. Ad esempio "*Squadra A: il pomodoro, la banana, la patata, ecc.*", "*Squadra B: l' arancia, la mela, la pera, ecc.*". A questo punto prenda le figurine illustrate e ne scopra una alla volta pronunciandone il nome ad alta voce. I bambini delle due squadre ascoltano e quando sentono il nome della figurina illustrata pertinente alla loro squadra si dovranno alzare tutti in piedi.

Attività 17
Disegni alla lavagna alcuni insiemi dando a ciascuno il nome di una categoria semantica. Prenda le relative figurine illustrate e chiami a turno alla lavagna un bambino, che dovrà scrivere il nome della figurina illustrata nell'apposito insieme.

Attività 18
Attacchi alla lavagna alcune figurine illustrate. Inviti quindi i bambini a osservare attentamente le carte attaccate, quindi li inviti a chiudere gli occhi; stacchi una delle figurine e dica ai bambini di riaprire gli occhi e indovinare quale figura manca. Il bambino che indovina viene a sua volta alla lavagna e ne stacca un'altra.

Attività 19
Divida la classe in due squadre. Distribuisca le figurine in numero uguale a ciascuna squadra.
Alcuni componenti delle rispettive squadre dovranno leggere la figurina illustrata e ricomporne il nome rappresentando con il corpo le lettere costituenti la parola. Gli altri componenti della squadra dovranno indovinare.

Attività 20
Prenda una serie di figurine illustrate. Le mostri ai bambini invitandoli a dire il nome della figura rappresentata. Quindi divida la classe in due squadre. Nasconda due figurine all'interno della classe e inviti due componenti delle rispettive squadre a fare dapprima una serie di domande, decise preventivamente con la squadra di appartenenza, per indovinare di che figure si tratta e successivamente a cercare le figurine nascoste. Decida il punteggio da attribuire ai concorrenti.
Vince la squadra che riesce a indovinare e a trovare il maggior numero di figurine.

Attività 21
Mostri ai bambini delle figurine illustrate in una certa sequenza. I bambini dovranno ricordare perfettamente la sequenza con cui sono state fatte osservare le figure. Il gioco si può svolgere a squadre ma anche individualmente. I bambini che riescono a ricostruire la sequenza prenderanno il suo posto.

Attività 22
Prenda le figurine illustrate di un certo campo lessicale che intende rivedere con i bambini.
Comunichi ai bambini il capo semantico scrivendolo alla lavagna. Quindi disponga le figurine a faccia in giù su un piano d'appoggio. I bambini, a turno, dovranno cercare di indovinare le figurine illustrate. Se un bambino indovina subito prosegue altrimenti passa il turno a un compagno, che dovrà ricominciare dall'inizio. Man mano che vengono scoperte le carte i bambini memorizzeranno la posizione delle diverse figurine e sarà sempre più facile proseguire. Vince chi per primo scopre tutte le figurine illustrate.

Attività 23
Divida la classe in piccole squadre e conduca una gara a eliminatorie. Disponga sulla lavagna 5 o 6 figurine illustrate dicendone il nome e facendolo ripetere ai bambini. Quindi tolga le figurine illustrate e inviti le squadre, a turno, a ripetere il nome delle figurine ricostruendone però l'ordine corretto di presentazione sulla lavagna.

Attività 24
Mostri una figurina illustrata alla classe con estrema velocità, in modo che i bambini la possano appena intravedere e chieda di indovinarne il nome. Vince chi indovina più figurine.

Attività 25
Disponga in diversi punti della classe una serie di figurine illustrate poi ponga una serie di domande o di comandi volti all'individuazione della figurina stessa ("*Dov' è il libro?*", "*Prendi la matita*", "*Indica il righello*", "*Corri vicino alla penna*", "*Cammina verso la gomma*", ecc.).

Attività 26
Disponga sulla lavagna una serie di figurine illustrate e ne faccia ripetere il nome ai bambini. Poi prenda una palla e la lanci a un bambino che dovrà ripetere il nome di una delle figurine appese. Detto il nome, il bambino passa la palla a un altro che dovrà dire il nome di un'altra figurina. Viene eliminato che ripete un nome già detto.

Attività 27
Al fine di rivedere, ad esempio, alcuni comandi relativi alla vita della classe o ai giochi ("*Pendi la matita*", "*Corri qui da me*", "*Apri la porta*", "*Alzati in piedi*", ecc.) divida la classe in piccoli gruppi e consegni a ciascun gruppo una figurina. Il gruppo prende il nome della figurina stessa (ad esempio "*Città*") e a questo punto Lei impartisca il comando che il gruppo deve eseguire ("*Città, prendi la matita*").

Abilità trasversali

- accompagnare la voce con elementi espressivi non verbali,
- ascoltare e completare frasi,
- ascoltare e completare una frase con la parole mancante,
- ascoltare e comprendere attraverso il registratore e l'immagine,
- ascoltare e riordinare,
- associare i suoni agli oggetti,
- associare suoni differenti,
- classificare animali in base all'ambiente naturale e alle caratteristiche fisiche,
- classificare in base a caratteristiche comuni,
- classificare in base al genere e al suono,
- classificare parole e oggetti in base al genere,
- collegare parole e frasi a immagini,
- collegare suoni a immagini,
- colorare,
- contare,
- cooperare,
- decifrare anagrammi,
- distinguere rumori e associarli a immagini date,
- distinguere suoni,
- drammatizzare,
- effettuare le combinazioni cromatiche,
- eseguire operazioni matematiche,
- formulare ipotesi, fare previsioni e verificarle,
- leggere e completare,
- leggere e comprendere informazioni,
- leggere un breve testo e comprendere informazioni,
- localizzare oggetti nello spazio,
- memorizzare,
- numerare in base a una successione temporale,
- operare inferenze,
- orientarsi nello spazio,
- osservare e scoprire somiglianze e differenze per verificare il lavoro svolto,
- percepire suoni e rumori ambientali,
- raccogliere dati e strutturarli in tabelle,
- rappresentare percorsi su tracciati,
- riconoscere e classificare le parole in base a un attributo dato e in base al genere,
- riconoscere i diversi habitat degli animali,

- riflettere sui meccanismi della lingua e della comunicazione,
- riordinare immagini in successione temporale,
- ripetere canzoni e filastrocche,
- risolvere problemi,
- saper localizzare oggetti nello spazio,
- tagliare e incollare,
- trasferire dati,
- trovare differenze e somiglianze,
- utilizzare il linguaggio gestuale,
- utilizzare il linguaggio motorio.

Finito di stampare nel mese di settembre 2005
da Guerra guru s.r.l. - Via A. Manna, 25 - 06132 Perugia
Tel. +39 075 5289090 - Fax +39 075 5288244
E-mail: geinfo@guerra-edizioni.com